Miró.

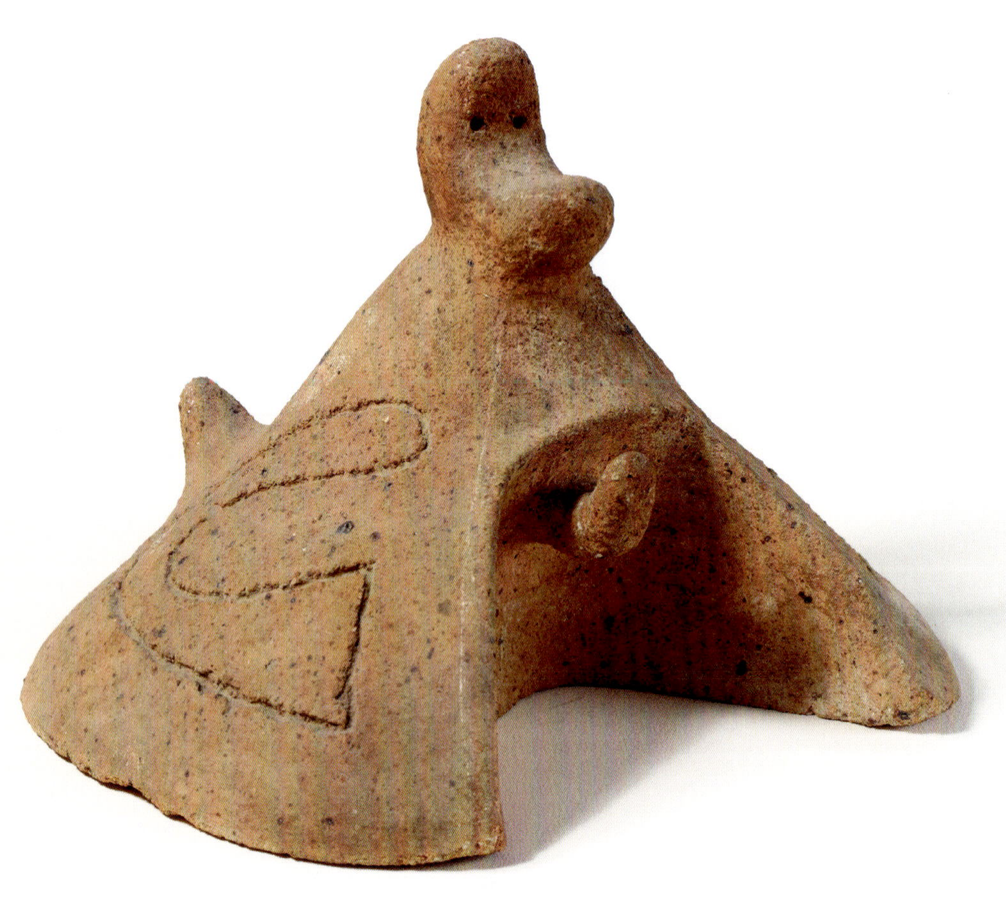

Joan Miró

Sculptures

museum Beelden aan Zee, Den Haag
Waanders Uitgevers, Zwolle

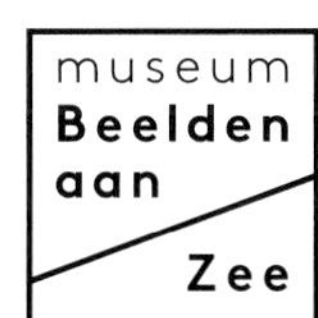

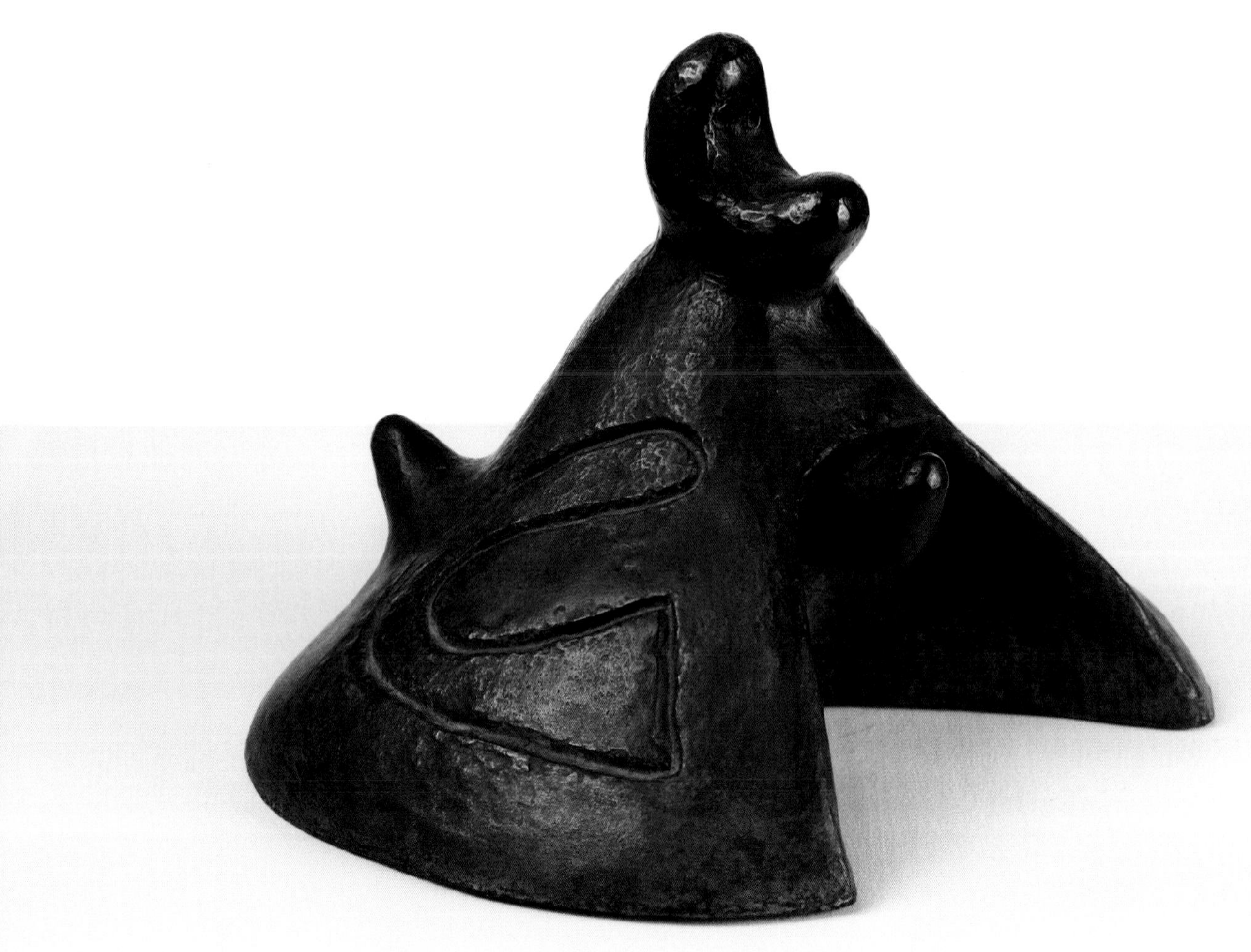

Inhoud

Content

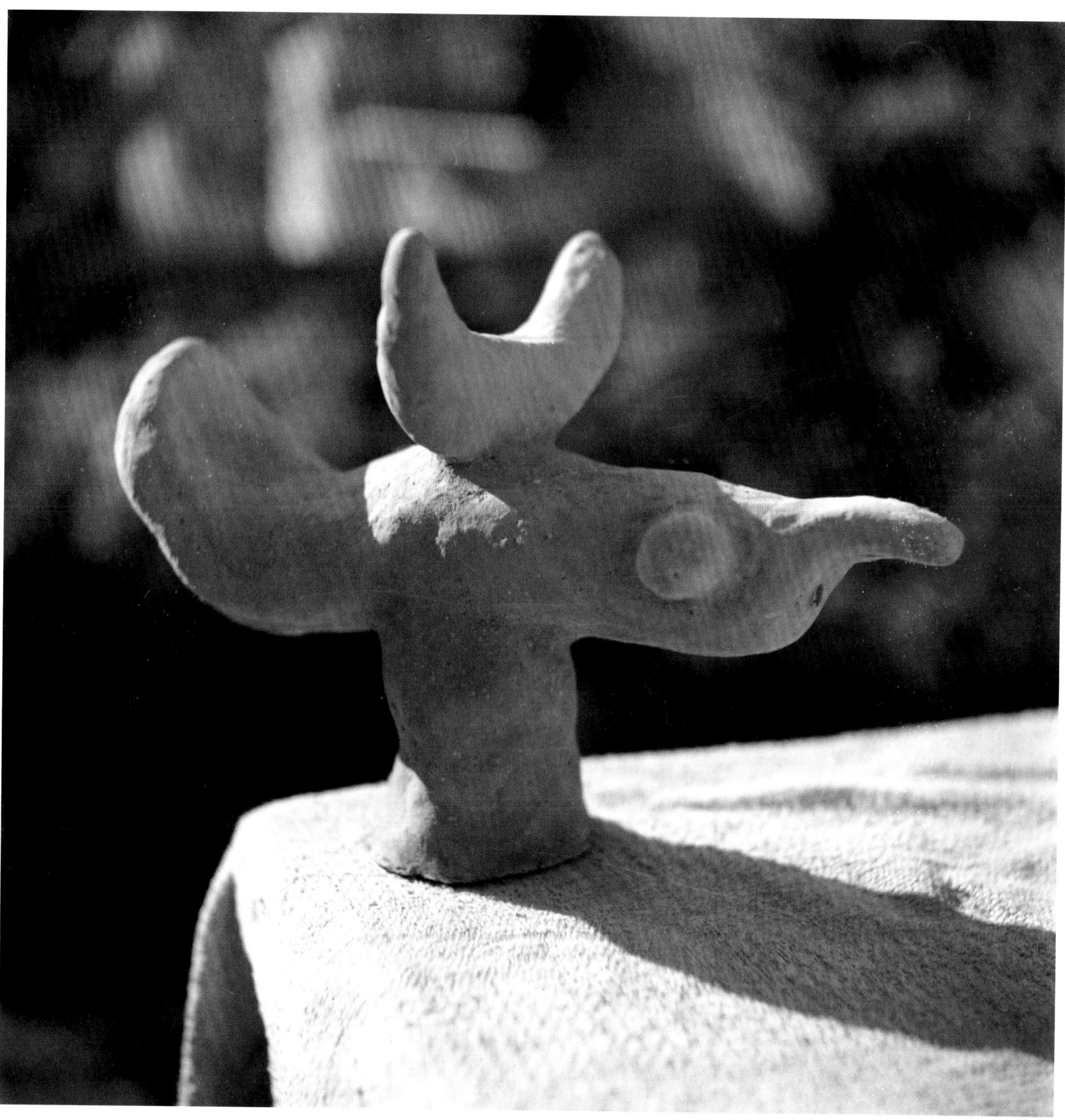

Solar bird, 1946, brons/*bronze*, 13,65 x 11,11 x 18,73 cm. Foto/*photo*: Joaquim Gomis, eerdere versie *Solar*, 1945.

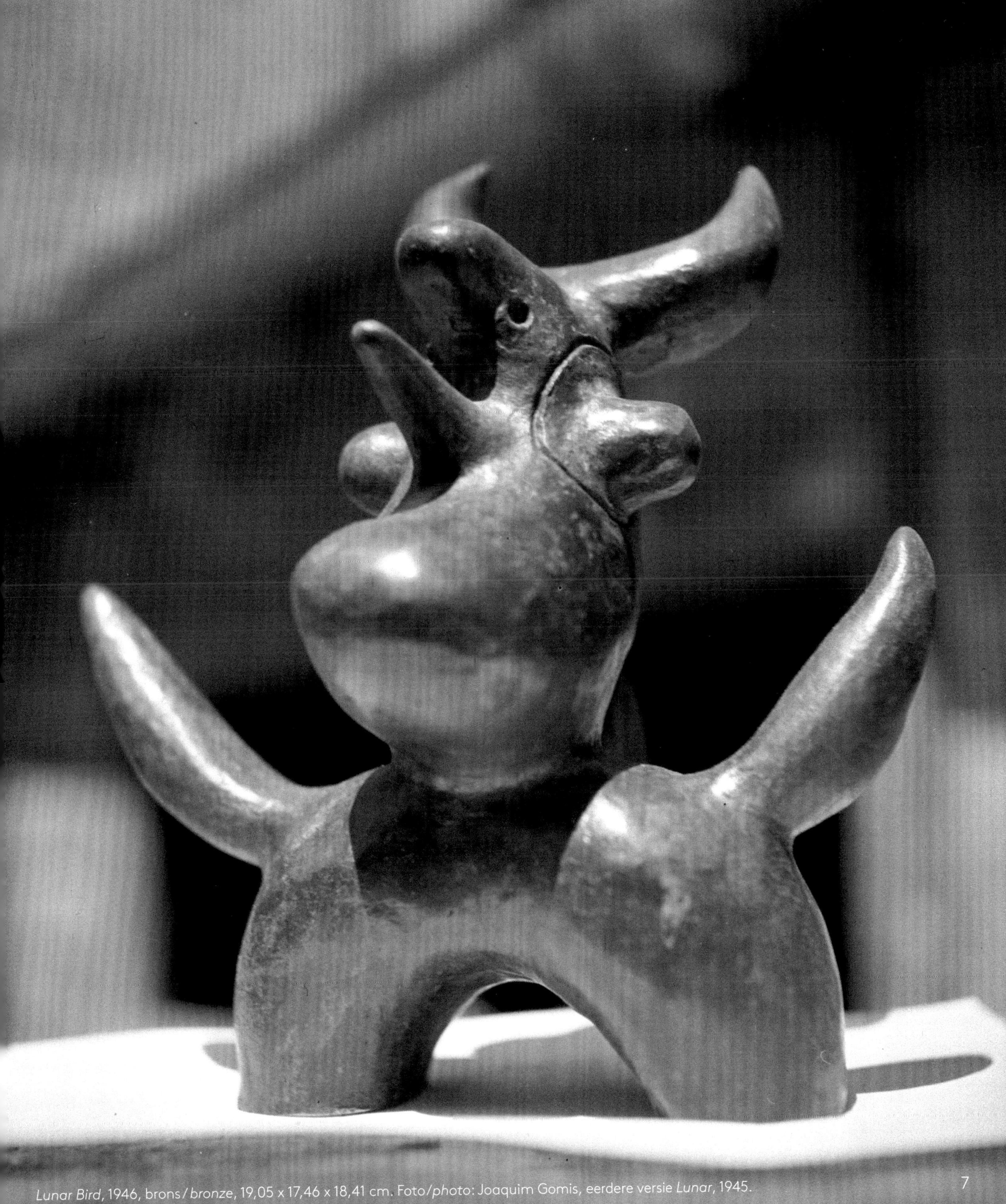

Lunar Bird, 1946, brons / *bronze*, 19,05 x 17,46 x 18,41 cm. Foto/*photo*: Joaquim Gomis, eerdere versie *Lunar*, 1945.

Inleiding Joan Miró - Sculptures

Door Brigitte Bloksma

Directeur museum Beelden aan Zee
en curator *Joan Miro – Sculptures*

De liefde van Joan Miró (1893 – 1983) voor beeldhouwen kreeg een grote impuls in zijn ateliers aan zee, in Mont-roig del Camp en op Mallorca. Het strand en de natuurlijke objecten die hij daar vond, vormden een belangrijke inspiratiebron voor zijn sculpturen. Miró, een van de meest baanbrekende en invloedrijke kunstenaars van de 20e eeuw, is vooral bekend geworden om zijn surrealistische schilderijen en grafiek. Zijn immense veelzijdigheid en creativiteit zie je ook in zijn driedimensionale werk. Miró zei hierover op 81-jarige leeftijd tegen zijn collega Alexander Calder: 'I'm an established painter, but a young sculptor'. De tentoonstelling *Joan Miró - Sculptures* in museum Beelden aan Zee is volledig gewijd aan zijn sculpturale oeuvre. En, bijzonder toepasselijk voor zijn ontwikkeling als beeldhouwer, wordt zijn

Introduction Joan Miró – Sculptures

By Brigitte Bloksma

Director of museum Beelden aan Zee
and curator of Joan Miro – Sculptures

In his studios by the sea in Mont-roig del Camp and on Mallorca, the love that Joan Miró (1893 – 1983) felt for sculpture was given huge boost. The beach and the natural objects that he found there formed an important source of inspiration for his sculptures. Miró, one of the most ground-breaking and influential artists of the twentieth century, is known above all for his surrealistic paintings and prints. His immense versatility and creativity can also be seen in his three-dimensional work. At the age of eighty-one Miró talked about this to his colleague Alexander Calder: 'I'm an established painter, but a young sculptor'. The Joan Miró - Sculptures *exhibition in museum Beelden aan Zee is totally dedicated to his sculptural oeuvre. And, particularly appropriate for his development*

Joan Miró met de samengestelde voorwerpen van *Personage/Joan Miró with the assembled objects of* Personage, 1967. Foto/ *photo:* Claude Gaspari

werk getoond in onze museumzalen aan zee.

Joan Miró, schilder, beeldhouwer en keramist, was één van de meest unieke en belangrijke kunstenaars van zijn generatie. Hij werd in 1893 als zoon van een goudsmid geboren in Barcelona, waar hij aan twee kunstacademies studeerde en een opleiding volgde aan de Escola d'Art. Vanaf 1920 woonde en werkte de kunstenaar afwisselend in Parijs, epicentrum van de modernistische avant-garde, en in Spanje, waar hij zich later definitief zou vestigen. Zijn grote doorbraak kwam in 1924. Onder invloed van de dadaïsten en schrijvers zoals André Breton, bevrijdde Miró zijn werk van de 'beperkingen van realistische representatie'.

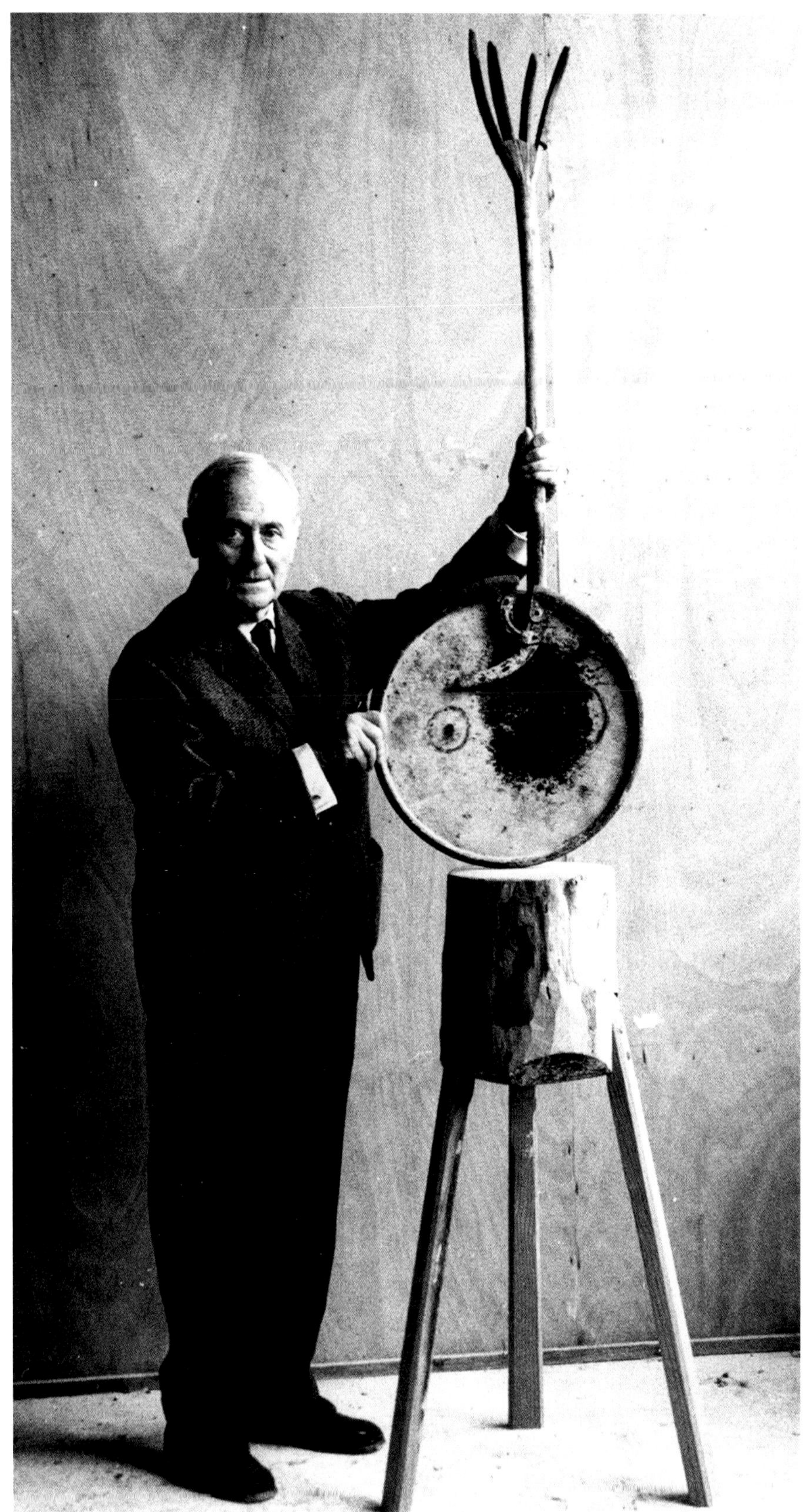

as a sculptor, his work is being displayed in our galleries by the sea.

Joan Miró, painter, sculptor and ceramicist, was one of the most unique and important artists of his generation. The son of a goldsmith, he was born in 1893 in Barcelona, where he studied at two art academies and trained at the Escola d'Art. From 1920 onwards the artist lived and worked alternately in Paris, the epicentre of the modernist avant-garde, and in Spain, where he would finally settle. His great breakthrough came in 1924. Influenced by the Dadaists and writers such as André Breton, Miró freed his work from the 'limitations of realistic representation'.

Miró drew from his memory, imagination and the irrational for his highly original

Voor zijn zeer originele schilderijen, collages en tekeningen putte Miró uit zijn geheugen, fantasie en het irrationele. Zijn droomachtige visioenen gaf hij weer met gebaren, abstracte tekens, symbolen en poëzie. Hij schilderde in heldere kleuren blauw, rood, geel, groen en zwart, resulterend in een herkenbaar en levendig oeuvre dat in de jaren 1930 grote internationale bekendheid en erkenning kreeg. Al tijdens zijn leven vonden retrospectieven plaats in het Museum of Modern Art (1941) in New York, en in Parijs in het Musée National d'Art Moderne (1962) en het Grand Palais (1974). In 1978 organiseerde het Musée National d'Art Moderne nogmaals een overzichtstentoonstelling, met meer dan vijfhonderd tekeningen. Deze waren vaak verbonden aan zijn sculpturen.

Door het grote succes van zijn schilderijen was er, vooral tijdens zijn leven, weinig aandacht voor zijn sculpturen. De beeldhouwkunst stelde Miró echter in staat om zijn surrealistische ideeën in driedimensionale voorstellingen te verwerken, een extra mogelijkheid om zijn verbeelding en creativiteit te uiten.

Joan Miró begon pas op latere leeftijd met beeldhouwen. Als student aan de Escola d'Art in Barcelona had hij al wel enkele pogingen ondernomen, onder meer in keramiek, maar pas in de jaren dertig begon Miró aan een serieuze verkenning van de beeldhouwkunst. Geïnspireerd door het surrealisme, voegde hij voorwerpen samen tot zogenaamde 'peinture-objets'. Zo'n twintig jaar later keerde hij er weer naar terug, dit keer voorgoed en met nog meer resultaat.

paintings, collages and drawings. He depicted his dream-like visions with gestures, abstract signs, symbols and poetry. He painted in bright colours of blue, red, yellow, green and black, resulting in a recognisable and lively oeuvre that gained great international recognition in the nineteen-thirties. Throughout his life retrospectives were staged in the Museum of Modern Art (1941) in New York, and in Paris in the Musée National d'Art Moderne (1962) and in the Grand Palais (1974). In 1978 the Musée National d'Art Moderne once again staged a retrospective exhibition featuring more than five hundred of his drawings. They were often linked to his sculptures.

Due to the great success of his paintings, little attention was paid to his sculptures during his lifetime. However, sculpture allowed Miró to incorporate his surrealistic ideas into three-dimensional representations: an additional opportunity to express his imagination and creativity.

Joan Miró only turned to sculpture in later life. As a student at the Escola d'Art in Barcelona he had made some attempts, including working with ceramics, but it was only in the nineteen-thirties that he began to seriously explore sculpture. Inspired by Surrealism he combined objects into 'peinture-objets'. He returned to it some twenty years later, this time for good and with far greater results. Thanks in part to greater financial clout he had more time, space and resources, which are essential for a sculptor. This was why

Mede dankzij een grotere financiële slagkracht kreeg hij meer tijd, ruimte en middelen, wat essentieel is voor een beeldhouwer. Zo kon hij zich vanaf de beginjaren zestig in zijn ateliers, Son Abrines en Son Boter, op Mallorca vol enthousiasme toeleggen op het maken van sculpturen.

Miró begon in dezelfde periode ook opnieuw te experimenteren met het maken van keramiek. Hij voelde zich sterk verbonden met het handmatige van dit medium en zag keramiek als een vorm van artistieke magie, waarbij klei, vlammen, as en rook worden gecombineerd tot buitengewone objecten. Miró kreeg daarbij hulp van een aantal personen in zijn werkplaats, maar was altijd zelf betrokken bij het ontwerp ervan. De technische productie liet hij soms aan anderen over. Vervolgens beschilderde hij de voorwerpen in zijn eigen unieke handschrift, dat hij eerder had ontwikkeld in zijn schilderijen en tekeningen. Uiteindelijk maakte Joan Miró tijdens zijn carrière ongeveer vierhonderd keramische kunstwerken, waaronder series borden, vazen en andere objecten. In de tentoonstelling bij museum Beelden aan Zee zijn drie keramische werken uit de beginperiode aanwezig waaraan je kunt zien hoe hij zijn schilderkunst liet samenvallen met de beeldhouwkunst.

In de ontwikkeling van Miró als beeldhouwer verwees hij zelf vaak naar een wandeling die hij maakte in de buurt van zijn zomerhuis in Mont-roig, in Tarragona, een plaatsje in het zuiden van Catalonië. Daar vond Miró een opvallend gevormde steen die hij

from the early nineteen-sixties onwards he was able to enthusiastically concentrate on making sculptures in his two studios on Mallorca, Son Abrines and Son Boter.

In that same period Miró once again began to experiment in making ceramics. He felt strongly linked with the manual nature of that medium and saw ceramics as a form of artistic magic, in which clay, flames, ash and smoke are amalgamated into unusual objects. Miró received help in this from a number of people in his workshop, but he was always personally involved in the designs. He sometimes left the technical production to others. He then painted the objects in his own unique style, which he had developed earlier in his paintings and drawings. Ultimately Joan Miró created around four hundred ceramic artworks during his career, including entire series of plates, vases and other objects. The exhibition in museum Beelden aan Zee includes three ceramic works from the early period that show how he combined his painting with sculpture.

In Miró's development as a sculptor he often referred to a walk he took near his summer home in Mont-roig, a little town in Tarragona, in the south of Catalonia. It was where Miró found an interestingly shaped stone which he transformed into a head. It marked an important new direction in his work. From then on Miró combined objects that he had collected during his walks,

Joan Miró bij de/*at the* Parellada Foundry, Barcelona, 1970. Foto/*photo*: Fransesc Català-Roca

omvormde tot een hoofd (zie foto p. 13). Het markeerde een belangrijke nieuwe richting in zijn werk. In zijn sculpturen combineerde Miró sindsdien voorwerpen die hij tijdens zijn wandelingen had verzameld, of uit zijn atelier of gieterij had geleend, en die hij samenvoegde met in klei geboetseerde elementen. Deze poëtische assemblages liet hij vervolgens in brons afgieten. De wat kleinere sculpturen behielden doorgaans nog de ruwheid van de materialen die hij had verzameld, terwijl zijn grote monumentale werken meer waren uitgevoerd met gladde vormen en lijnen. Miró wilde dat zijn beelden buiten in natuur werden tentoongesteld om op te gaan in de omgeving. Met name aan het eind van de jaren zeventig kreeg de op leeftijd zijnde kunstenaar verschillende grootschalige opdrachten voor sculpturen in de openbare ruimte in wereldsteden als Parijs, Chicago, Houston en Barcelona. In de tentoonstelling in museum Beelden aan Zee wordt een aantal schaalmodellen en voorstudies getoond. Bijzonder in de tentoonstelling is het werk *Pair of Lovers Playing with Almond Blossom*, dat slechts één keer eerder buiten Barcelona werd geëxposeerd. Deze kleurrijke sculptuur is het schaalmodel van het beroemde monumentale werk voor La Défense in Parijs.

In de tentoonstelling staat het experimentele karakter van de Catalaanse grootmeester centraal. Door zijn aanhoudende nieuwsgierigheid bleef Miró zich gedurende zijn decennialange carrière vernieuwen. Daarmee wist hij niet alleen zichzelf, maar ook

or had borrowed from his studio or foundry, and which he usually combined with elements modelled in clay. He then had these poetic assemblages cast in bronze. The slightly smaller sculptures generally still retained the roughness of the materials he had collected, whereas his large monumental works were executed with far smoother shapes and lines. Miró wanted his sculptures to be exhibited outdoors in nature to blend in with the surroundings. In the late nineteen-seventies in particular, the aging artist received several large-scale commissions for sculptures in public spaces in cities all over the world, including Paris, Chicago, Houston and Barcelona. The exhibition features a number of scale models and preliminary studies. One of the highlights of the exhibition is Pair of Lovers Playing with Almond Blossom, *which has only been exhibited outside Barcelona once before. This colourful sculpture is the scale model of the famous artwork in front of La Défense in Paris.*

The experimental character of the Catalonian great master takes central stage in Joan Miró – Sculptures. Through his persistent curiosity, Miró continued to innovate throughout his decades-long career. In doing so he not only managed to surprise himself, but his public too, time and time again. The spontaneity of his working method and the pleasure that he derived from his experiments with shape and material can clearly be seen in his sculptures.

zijn publiek keer op keer te verrassen. De spontaniteit van zijn werkproces en het plezier dat hij beleefde aan zijn experimenten met vorm en materiaal zijn duidelijk terug te zien in zijn beeldhouwwerken. Museum Beelden aan Zee, zelf in het bezit van een prachtige gipsotheek, heeft een wereldwijde primeur door twee van Miró's studies in gips aan het publiek te tonen, waarvan één voor het eerst in een museum.

In deze catalogus omschrijft Adrien Maeght, voorzitter Fondation Maeght, de bijzondere band tussen zijn familie en Joan Miró. Conservator van Fondació Joan Miró Barcelona, Ester Ramos, schrijft over het belang van de gipsstudies voor het werkproces van de meester. Vervolgens neemt conservator Joost Bergman van museum

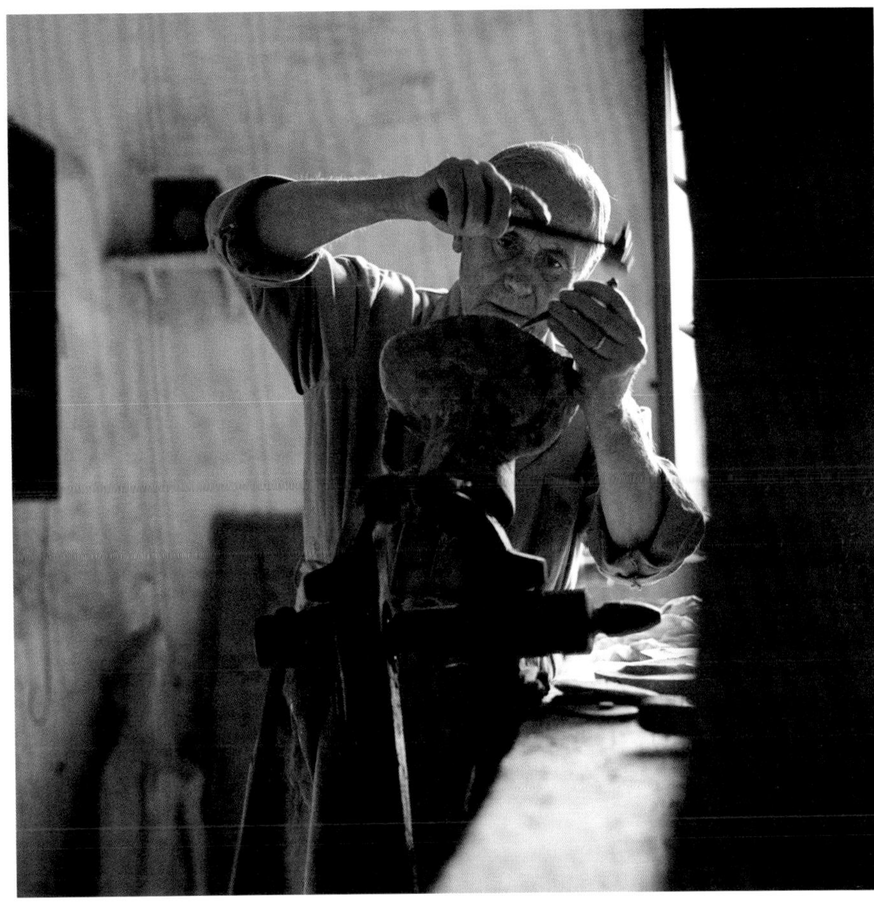

Museum Beelden aan Zee, with its magnificent Gypsoteca (plaster collections), has a worldwide first by displaying two of Miró's studies in plaster to the public, one of which is in a museum for the first time. In this catalogue Adrien Maeght, President of the Maeght Foundation, describes the special bond between his family and Joan Miró. Ester Ramos, the curator of Fundació Joan Miró Barcelona, writes about the importance of the plaster studies for the artist's working process. Then Beelden aan Zee curator Joost Bergman takes us into Miró's form language and shows how his sculptures formed an essential part of his artistic quest.

Special thanks is due to the many lenders whose generosity has helped us stage the exhibition, in particular to the Fundació Joan Miró in Barcelona and the Fondation Maeght in Saint Paul de Vence. We are also very grateful to them for their continuing help. I would also like to extend my particular thanks to exhibition designer Magali Snelder, co-curator of the exhibition Joost Bergman, project leader Rolien van der Harten and the rest of the amazing team from museum Beelden aan Zee.

Finally, much thanks goes to the Don Quixote Foundation, the Vriendenloterij and the many funds and benefactors which enable museum Beelden aan Zee to stage exhibitions like this for a wide viewing public.

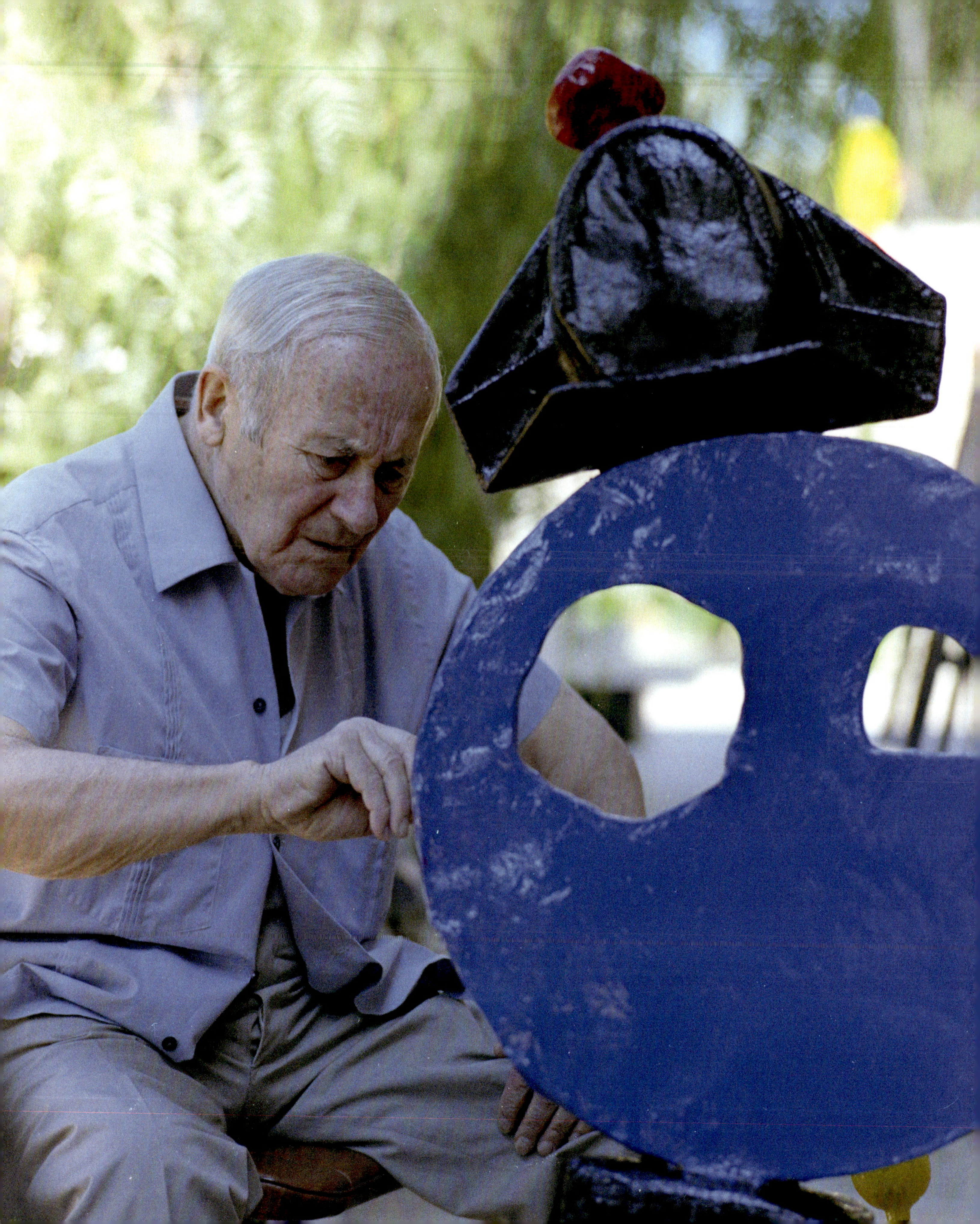

Beelden aan Zee ons mee in de vormentaal van Miró en laat zien hoe zijn sculpturen een essentieel onderdeel vormen van zijn artistieke zoektocht.

Voor de totstandkoming van de tentoonstelling is speciale dank verschuldigd aan de vele bruikleengevers, in het bijzonder de Fundació Joan Miró in Barcelona en de Fondation Maeght in Saint Paul de Vence. Zeer erkentelijk zijn wij hen ook voor hun niet-aflatende hulp. Ook dank ik in het bijzonder tentoonstellingsontwerper Magali Snelder, mede-curator van de tentoonstelling Joost Bergman, projectleider Rolien van der Harten en de rest van het geweldige team van museum Beelden aan Zee.

Veel dank gaat tenslotte uit naar de Don Quixote Foundation, de Vriendenloterij en de vele fondsen en begunstigers die museum Beelden aan Zee in staat stellen tentoonstellingen als deze voor een breed publiek te organiseren.

Wij zien deze tentoonstelling en catalogus niet alleen als een bron van inspiratie, maar ook als een eerbetoon aan een kunstenaar wiens creatieve geest de grenzen van de kunst voortdurend heeft verlegd. Joan Miró's sculpturen nodigen ons uit om de wereld met andere ogen te zien – een wereld vol verwondering, kleur en oneindige mogelijkheden.

Miró schildert de sculptuur *Femme et oiseau* (FJM 8647) / *Miró painting the sculpture* Femme et oiseau (FJM 8647). Foto/*photo*: Francesc Català-Roca

We not only see this exhibition and catalogue as a source of inspiration, but also as a tribute to an artist whose creative mind continually pushed the boundaries of art. Joan Miró's sculptures invite us to see the world with different eyes – a world full of wonder, colour and infinite possibilities.

>> museum Beelden aan Zee

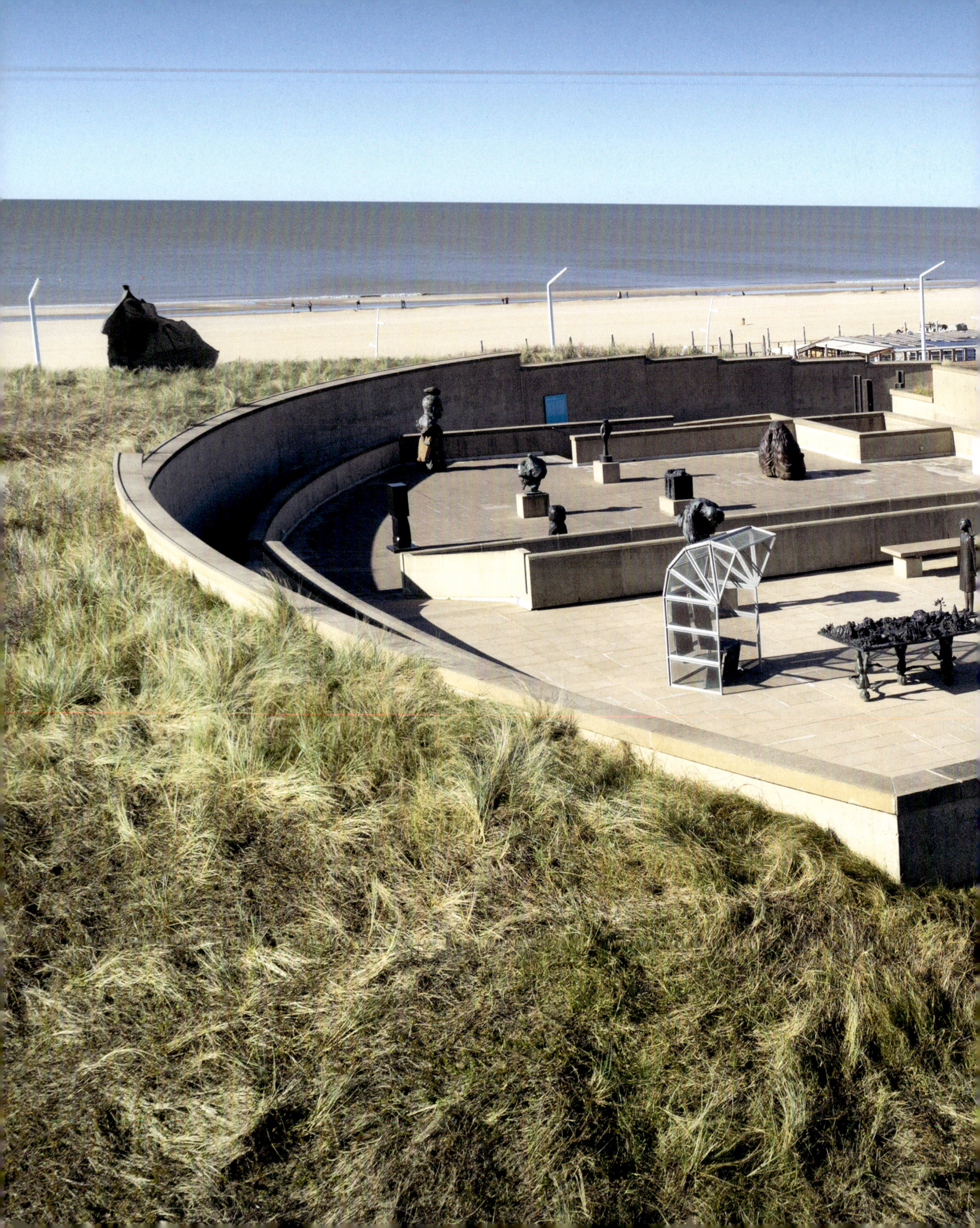

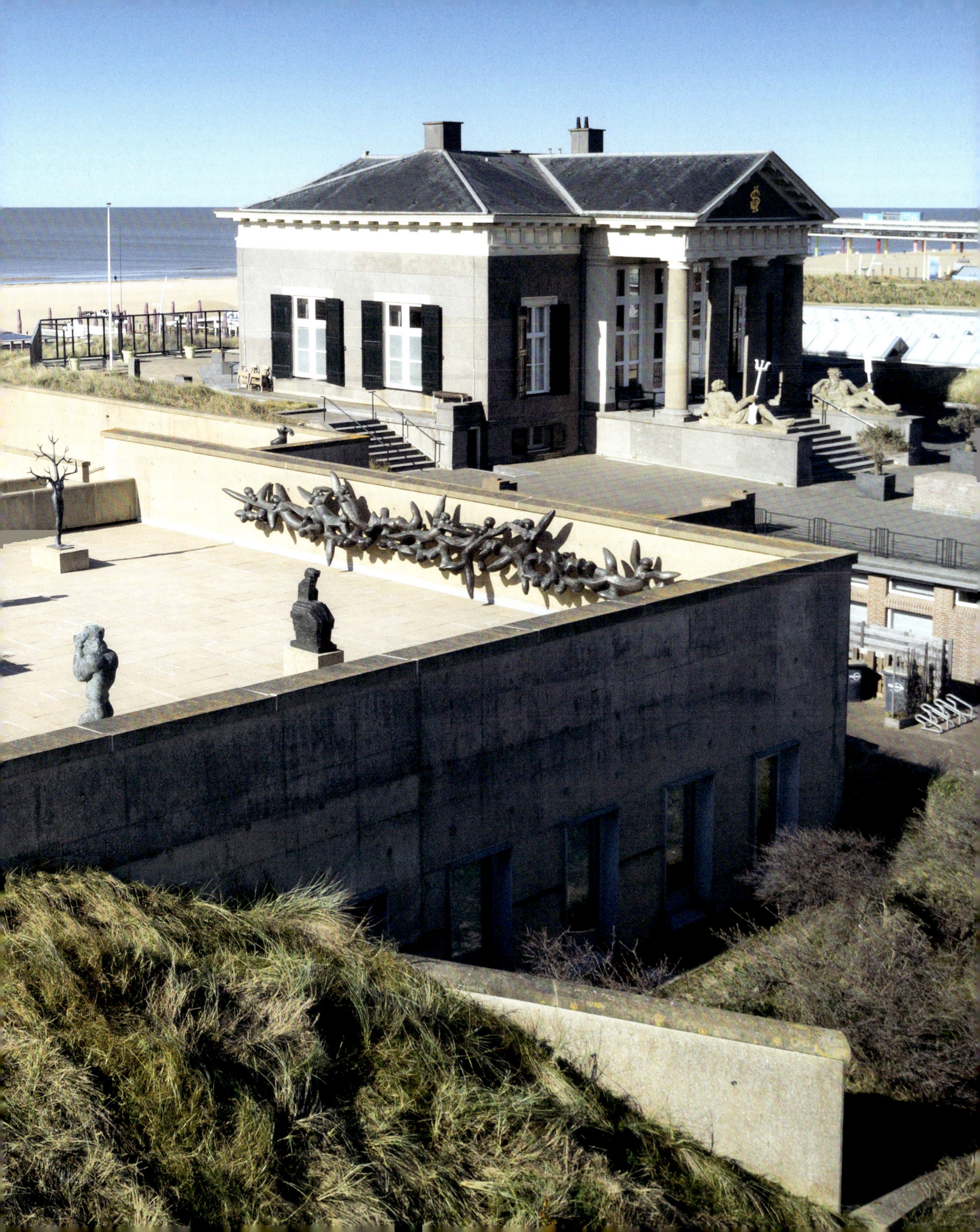

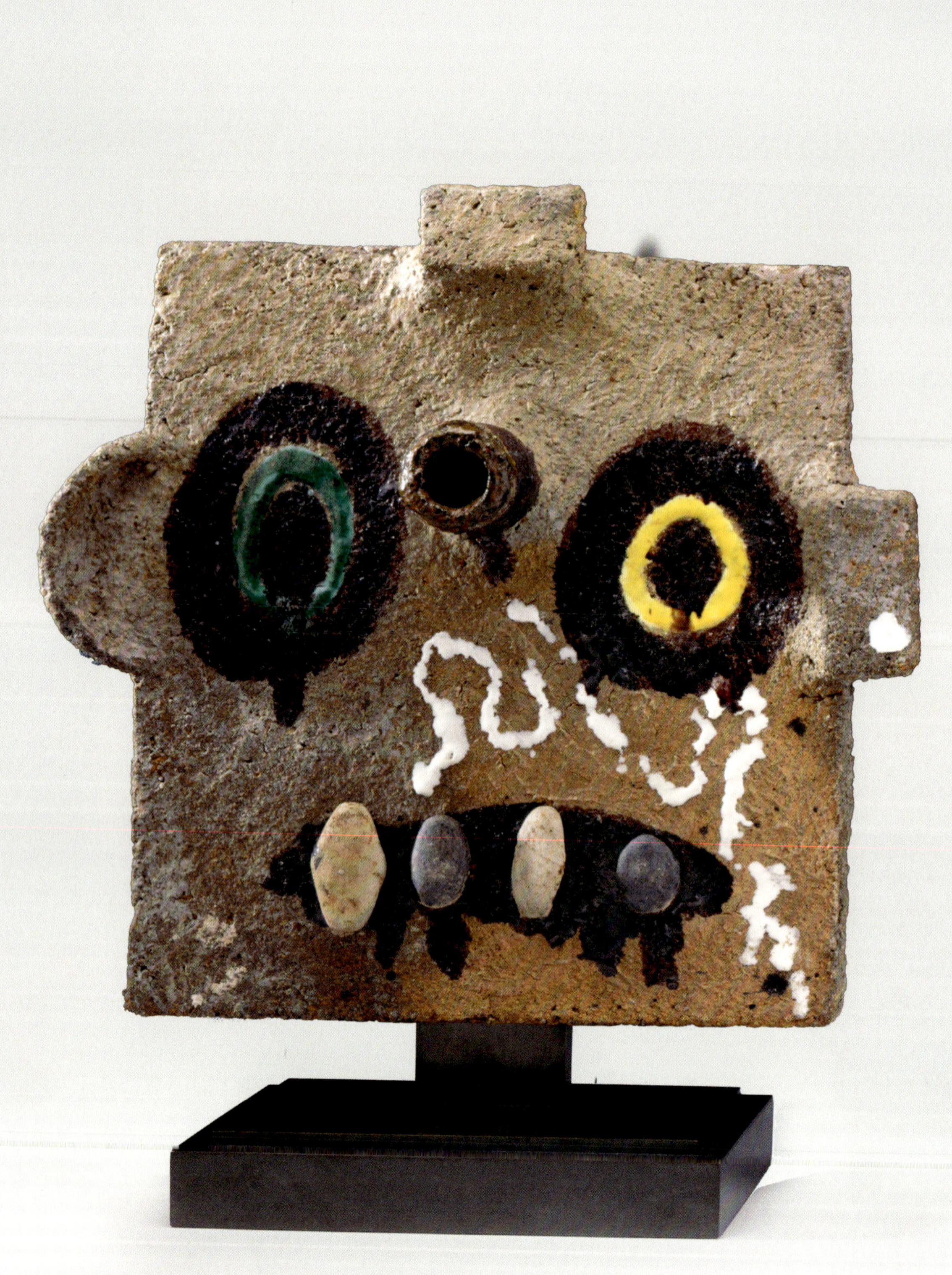

Tête carrée / Square head, 1955 - 1956, aardewerk/*ceramic*, 8 x 29 x 33 cm.

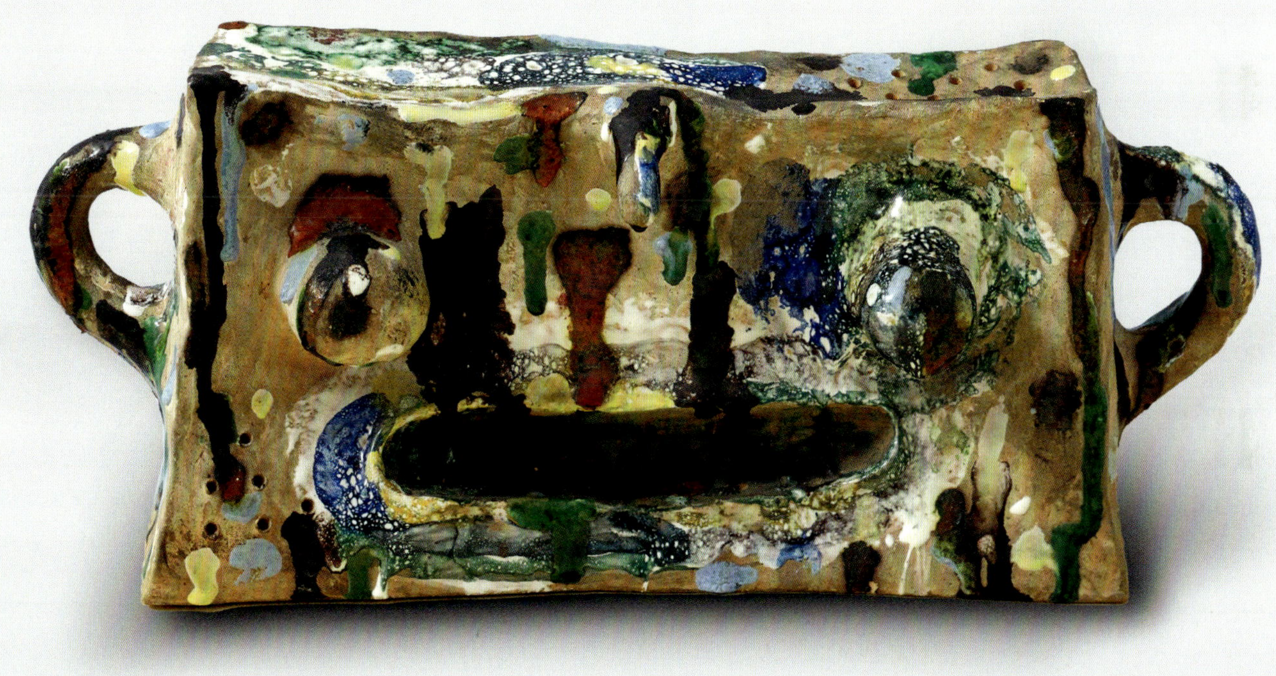

Tête Multicolore / Multi-colored head, 1943 - 1946, aardewerk / *ceramic*, 17 x 44 x 10 cm.

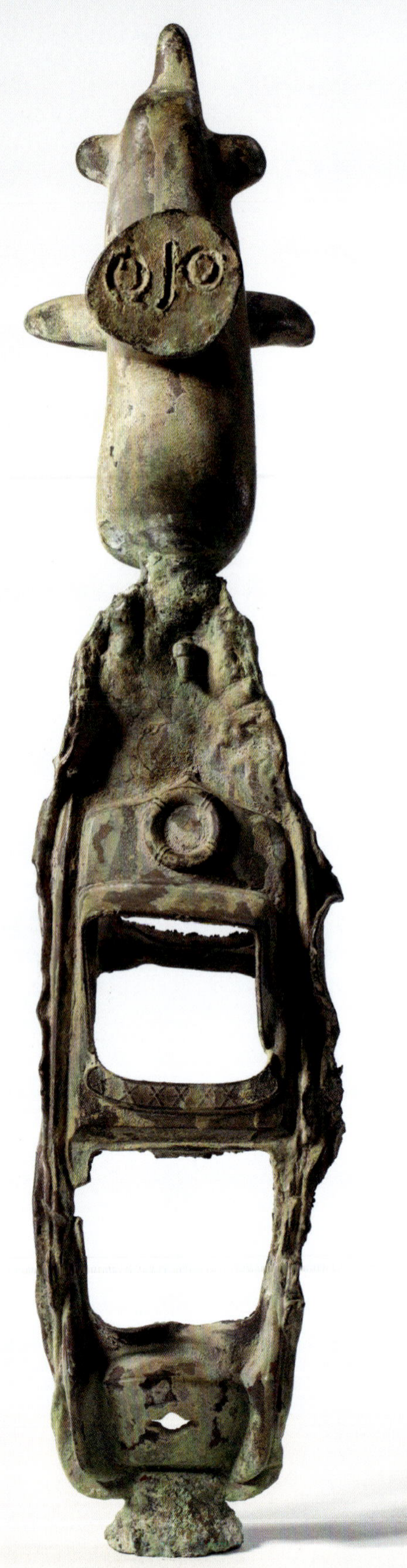

Projet pour un monument / Project for a monument, 1969, brons / *bronze*, 53 x 11,4 x 15 cm.

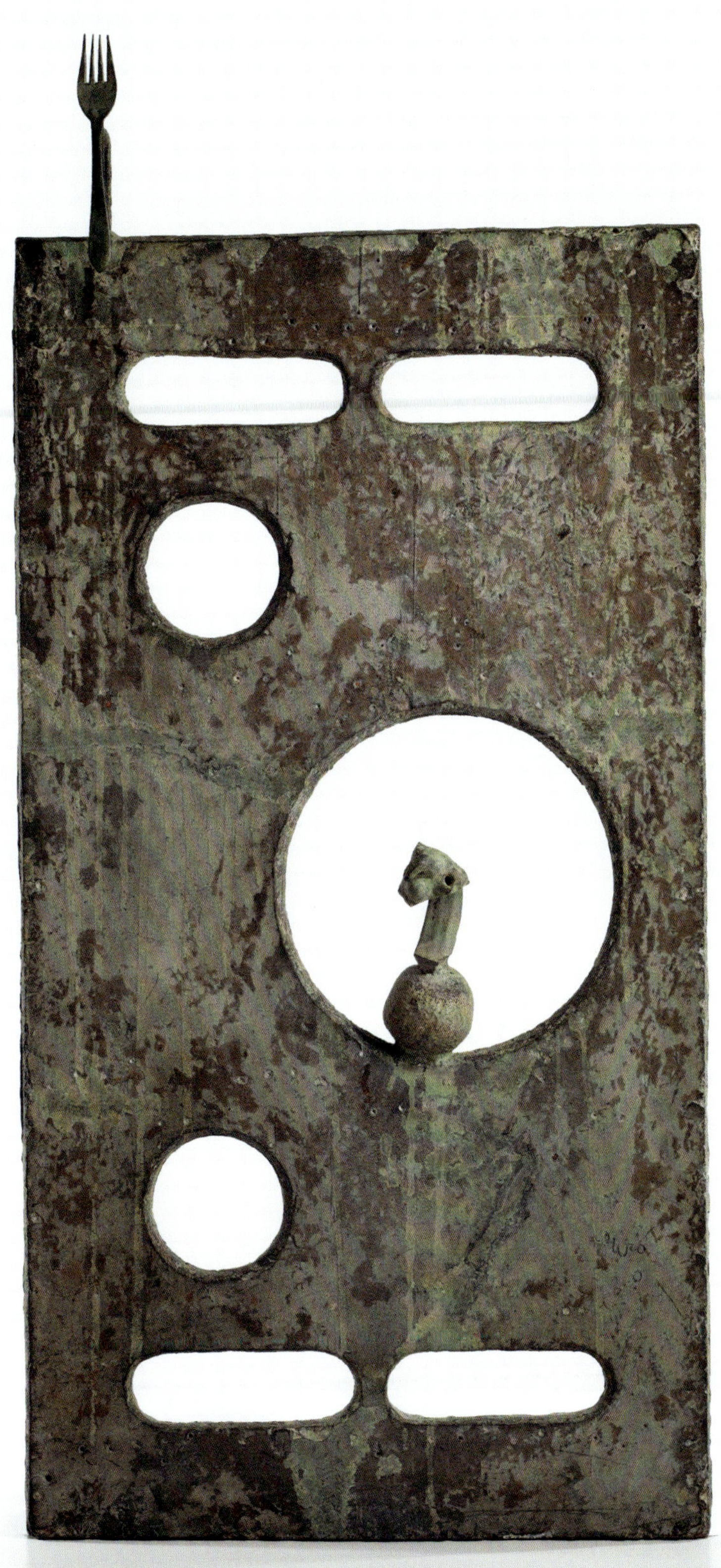

Monument dressé en plein océan à la gloire du vent / Monument raised in the ocean to the glory of the wind,
1969, brons / bronze, 132,5 x 63 x 18 cm.

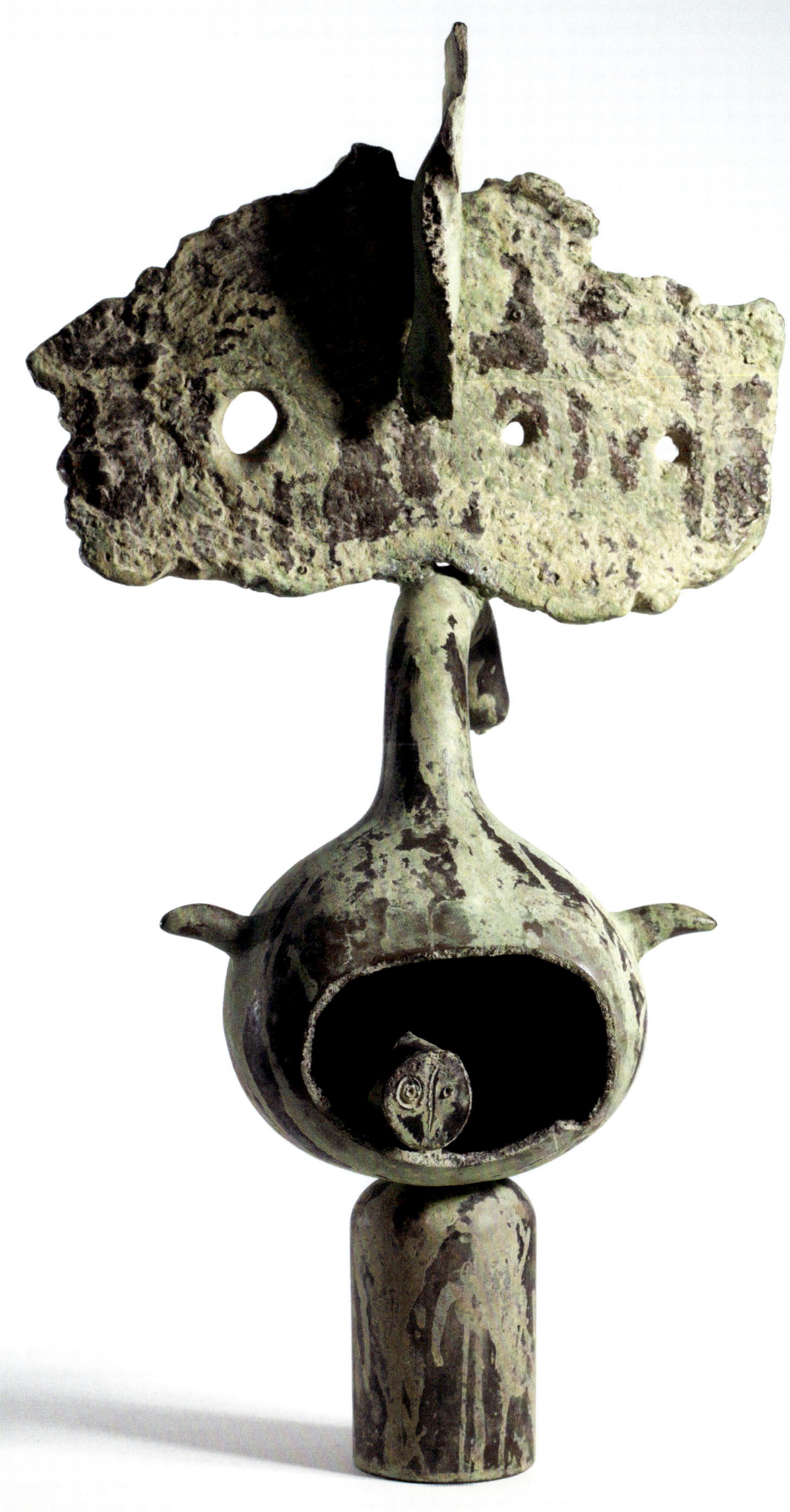

Maternité / Maternity, 1969, brons/*bronze*, 77,2 x 43,4 x 28,5 cm.

Joan Miró en de familie Maeght

Door Adrien Maeght

Voorzitter van de Fondation Maeght

De Catalaanse kunstenaar Joan Miró en zijn familie hadden nauwe banden met mijn familie. Het begon allemaal toen mijn vader, Aimé Maeght, in 1945 zijn galerie opende in Parijs en – op initiatief van André Breton – de *Exposition Internationale du Surréalisme* van 1947 organiseerde. Daar werd mijn vader door Breton aanbevolen bij Miró, die ermee instemde dat mijn vader zijn exclusieve kunsthandelaar voor Europa zou worden.

Op 17-jarige leeftijd raakte ik al snel betrokken bij de galerie en ontwikkelde ik een hechte vriendschap met Miró. Onze samenwerking groeide door verschillende belangrijke tentoonstellingen en de publicatie van door hem geïllustreerde boeken, de uitgave van grafiek en de creatie van unieke keramische objecten in samenwerking met Josep Llorens Artigas.

Joan Miró and the family Maeght

By Adrien Maeght

President of the Fondation Maeght

The Catalan artist Joan Miró and his family maintained close ties with my family. It all began when my father, Aimé Maeght, opened his gallery in Paris in 1945 and organized the Exposition Internationale du Surréalisme of 1947, under the impetus of André Breton. It was there that Miró, recommended by Breton, agreed to let him become his exclusive art dealer for Europe.

At the age of 17, I quickly became involved in the life of the gallery and forged a strong friendship with Miró. Our collaboration developed through several landmark exhibitions and the publication of illustrated bibliophile books, the edition of engraved works and the creation of unique ceramics in collaboration with Josep Llorens Artigas.

Onze professionele relatie veranderde in de loop der jaren in een persoonlijke vriendschap. Ik heb veel herinneringen aan Saint-Paul, waar Miró elke zomer met zijn gezin verbleef, en aan de drukkerij ARTE die ik in 1964 oprichtte, waar Miró enthousiast nieuwe technieken verkende. Het wederzijdse respect tussen ons was groot. Miró was een methodische en nieuwsgierige kunstenaar, die graag experimenteerde en zich verschillende artistieke disciplines eigen maakte.

Ondanks een moeilijke start met een teleurstellende eerste expositie bij Galerie Maeght in Parijs, bleven we Miró steunen. Dit getuigt van Aimé Maeghts scherpzinnige visie bij het ontdekken van artistiek talent.

Joan Miró had een diepe vriendschap met mijn ouders, Aimé en Marguerite Maeght. Hij was het die zijn vriend de architect Josep Lluis Sert aanbeval als ontwerper voor de Fondation Maeght in Saint-Paul-de-Vence. De omgeving die Sert ontwierp, stelde Miró in staat een magische plek te creëren: het Miró Labyrint, waar monumentale beeldhouwkunst voor het eerst is gecombineerd met architectuur en natuur. Voor het Labyrint gebruikte hij alle technieken: keramiek, marmer, ijzer, brons, beton…

Maar liefst 140 sculpturen, 70 tekeningen, 8 schilderijen, een monumentaal wandtapijt, een glas-in-loodraam, keramiek, honderden gouaches en duizenden gravures verrijken de collectie van de Fondation Maeght, dankzij de vrijgevigheid van Joan Miró en mijn familie. Dit vormt een van de belangrijkste collecties die ooit in een museum voor moderne kunst over deze kunstenaar zijn bijeengebracht.

Our professional relationship turned into a personal friendship over the years. I have many memories, both of St. Paul's, where Miró stayed every summer with his family, and of the ARTE printing house that I created in 1964, where Miró enthusiastically explored new techniques. The mutual respect between us was evident; Miró was a methodical and curious artist, eager to experiment and master various art disciplines.

Despite a difficult start with a disappointing first commercial exhibition in Paris at the Galerie Maeght, we continued to support Miró, testifying to Aimé Maeght's insightful vision in discovering artistic talent.

A deep friendship united Joan Miro with my parents, Aimé and Marguerite Maeght. It was he who recommended his architect friend Josep Lluis Sert to draw up the plans for the Foundation in Saint-Paul-de-Vence. The environment designed by Sert gave Miró the opportunity to create a magical place: the Miró Labyrinth, where for the first time monumental sculpture is associated with architecture and nature. For the Labyrinth he used all techniques: ceramics, marble, iron, bronze, concrete…

140 sculptures, 70 drawings, 8 paintings, a monumental tapestry, a stained glass window, ceramics, hundreds of gouaches and thousands of engraved works will enrich the collection of the Maeght Foundation, thanks to the generosity of Joan Miró and my family, thus constituting one of the most important

De artistieke impact van Joan Miró op de kunstgeschiedenis is aanzienlijk, maar hij heeft mijn familie altijd met zijn werk geassocieerd. De betrokkenheid van de Maeghts bij de promotie en instandhouding van zijn werk is essentieel. Onze vriendschap met dit genie van de twintigste eeuw duurde tot aan zijn dood en blijft voortbestaan met zijn dochter, zijn kleinkinderen en vandaag de dag zijn achterkleinkinderen… Het is meer dan een artistieke relatie, het is een blijvende vriendschap die de familie Miró en de familie Maeght bindt.

Joan Miró werkt *Blue II* bij in Galerie Maeght in Parijs, 1961 / Joan Miró touching up *Blue II* at Galerie Maeght in Paris, 1961.

>> Miró *Labyrinth* at Fondation Maeght, Saint-Paul-de-Vence, 2024.

collections ever assembled in a modern art museum on this artist.

The artistic impact of Joan Miró on the history of art is significant, but he has always associated my family with his work. The involvement of the Maeghts in the promotion and preservation of his work is essential. Our friendship with this genius of the twentieth century lasted until his death and continued with his daughter, his grandchildren and today his great-grandchildren… More than an artistic relationship, it is a lasting friendship that binds the Miró and Maeght families.

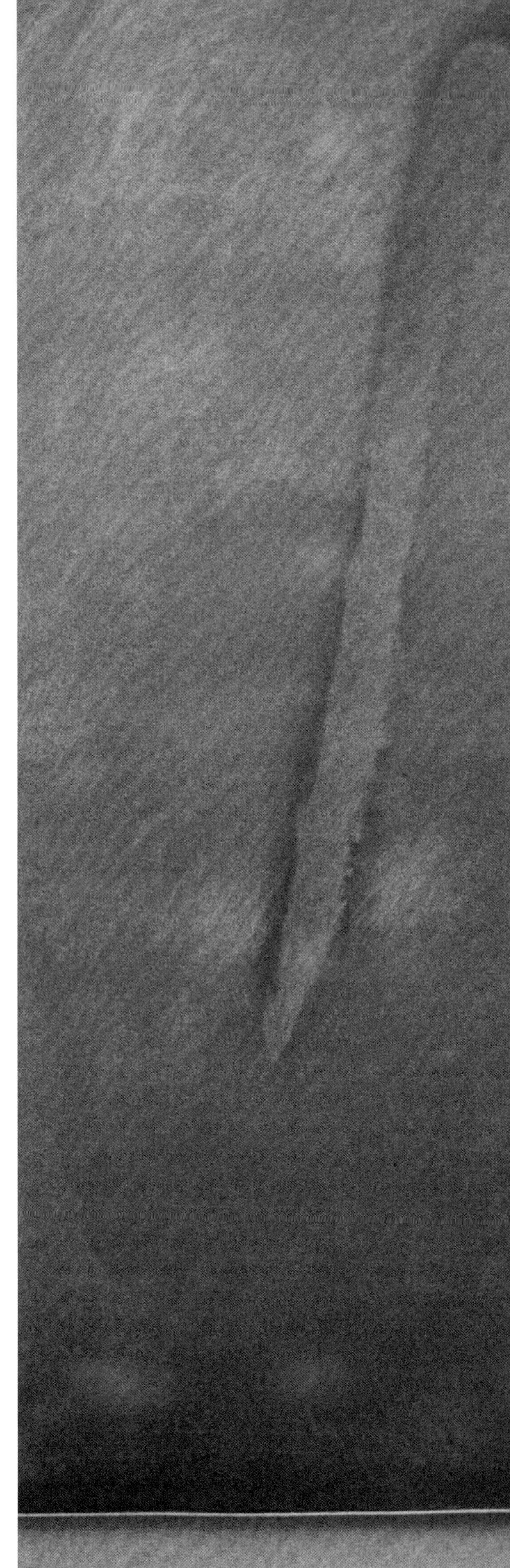

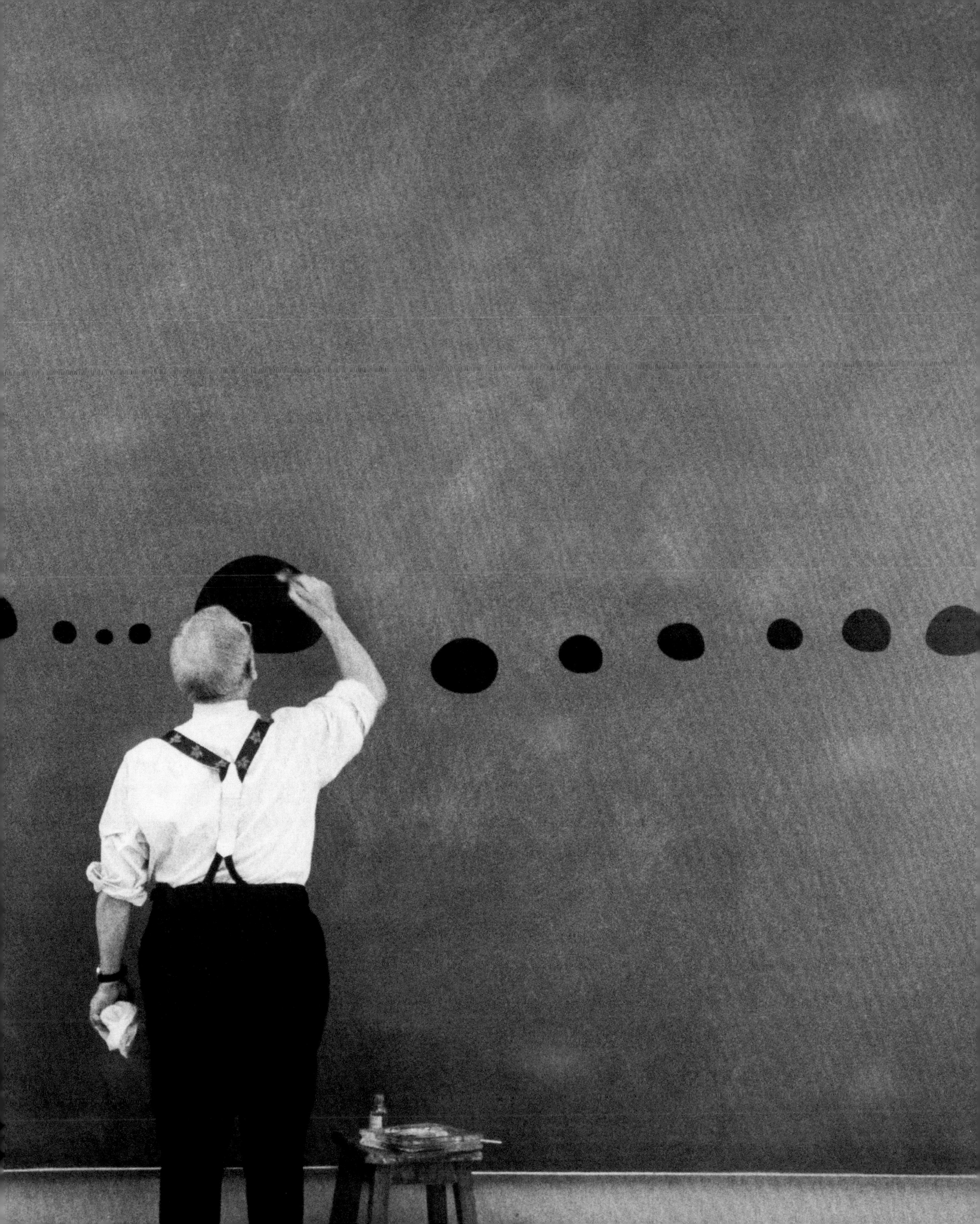

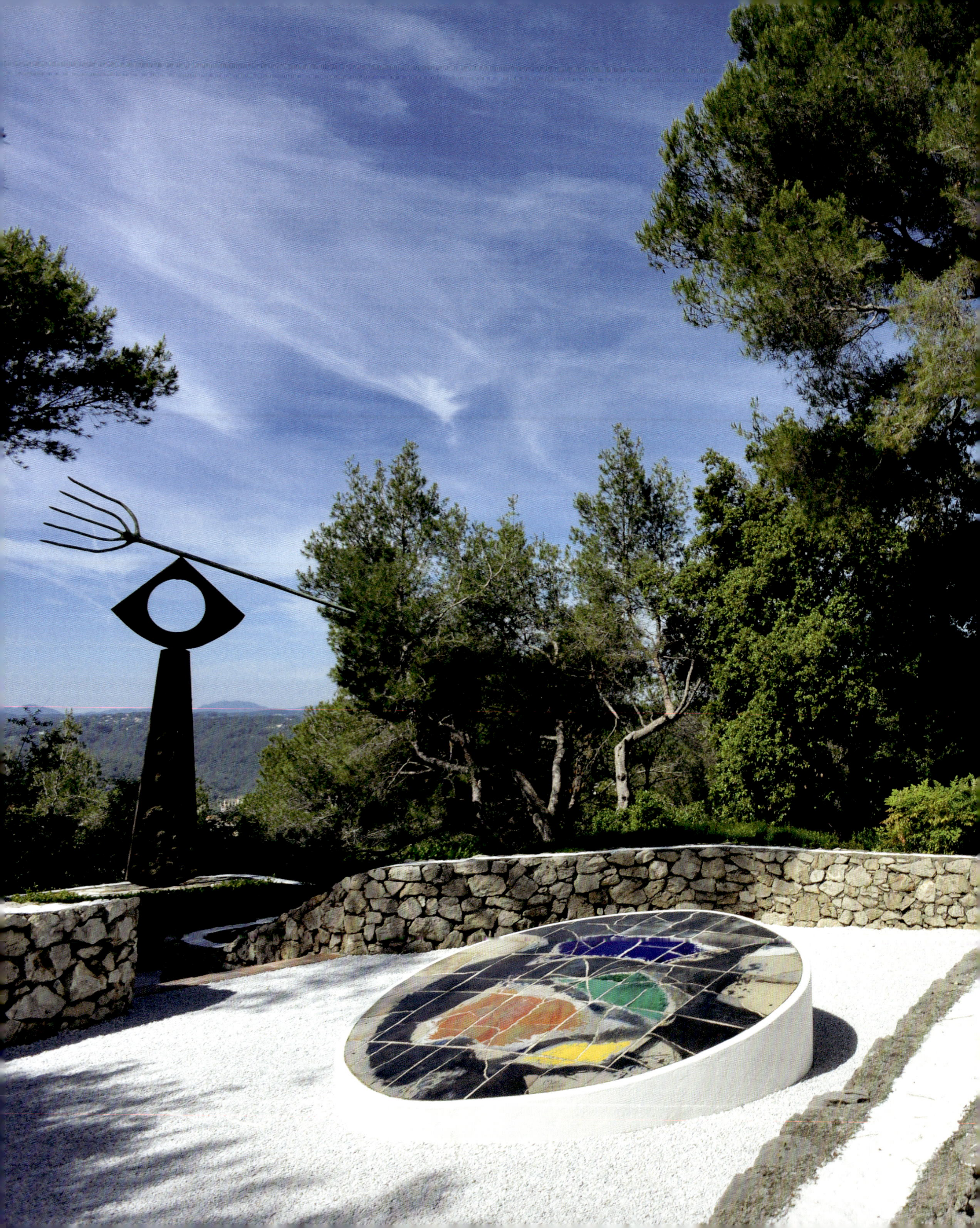

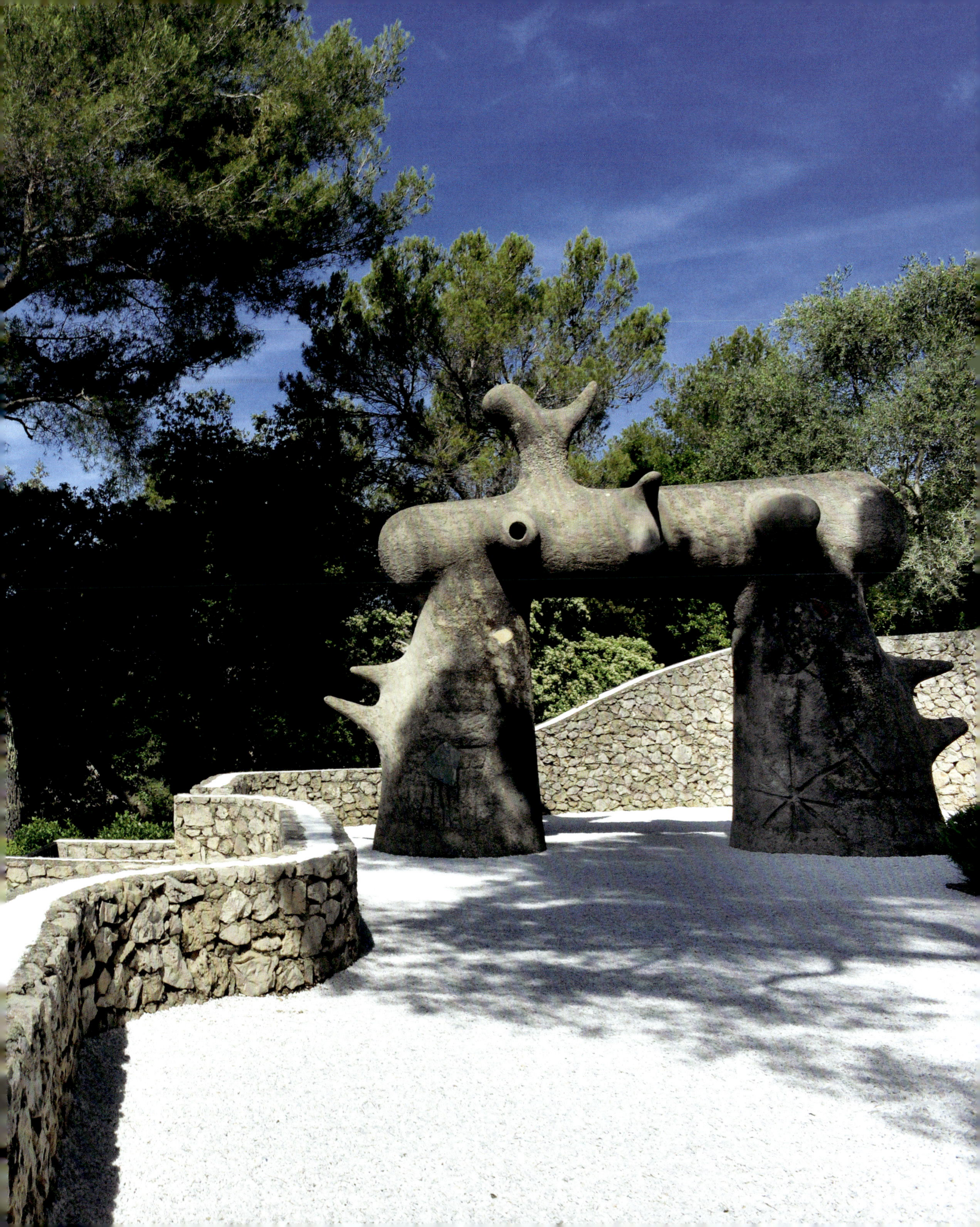

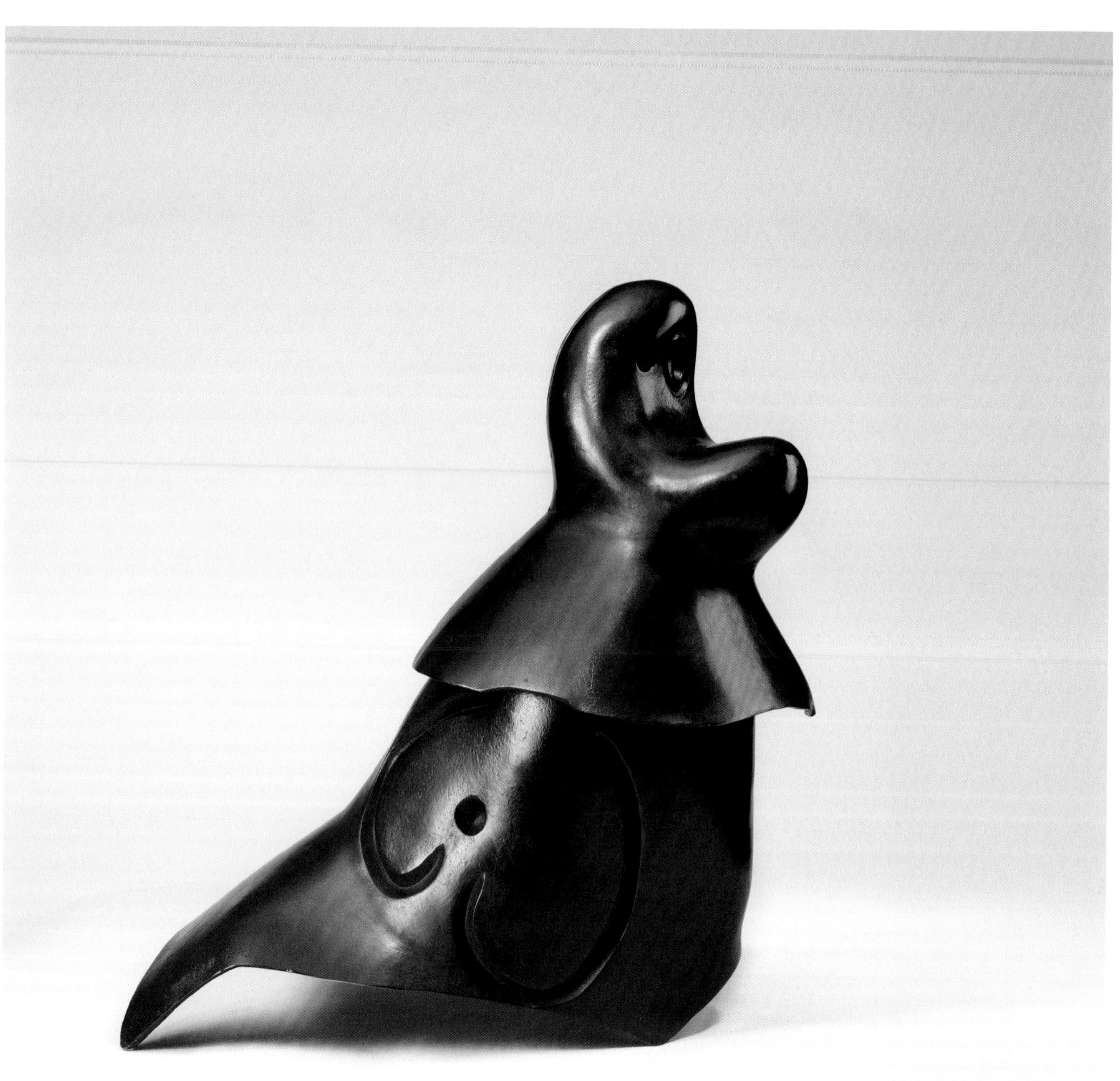

Personnage / Figure, 1974, brons/*bronze*, 64 x 48 x 38 cm.

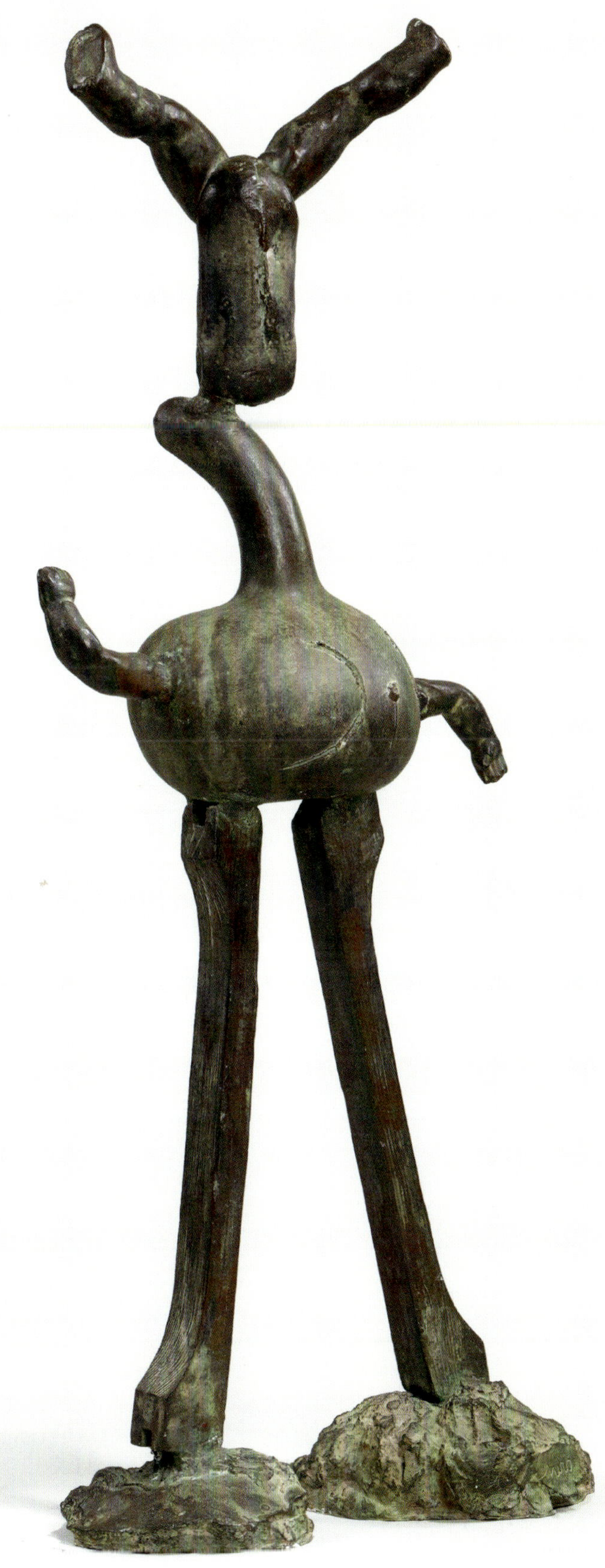

L'équilibriste / The tightrope walker, 1969, brons/*bronze*, 91 x 39 x 13 cm.

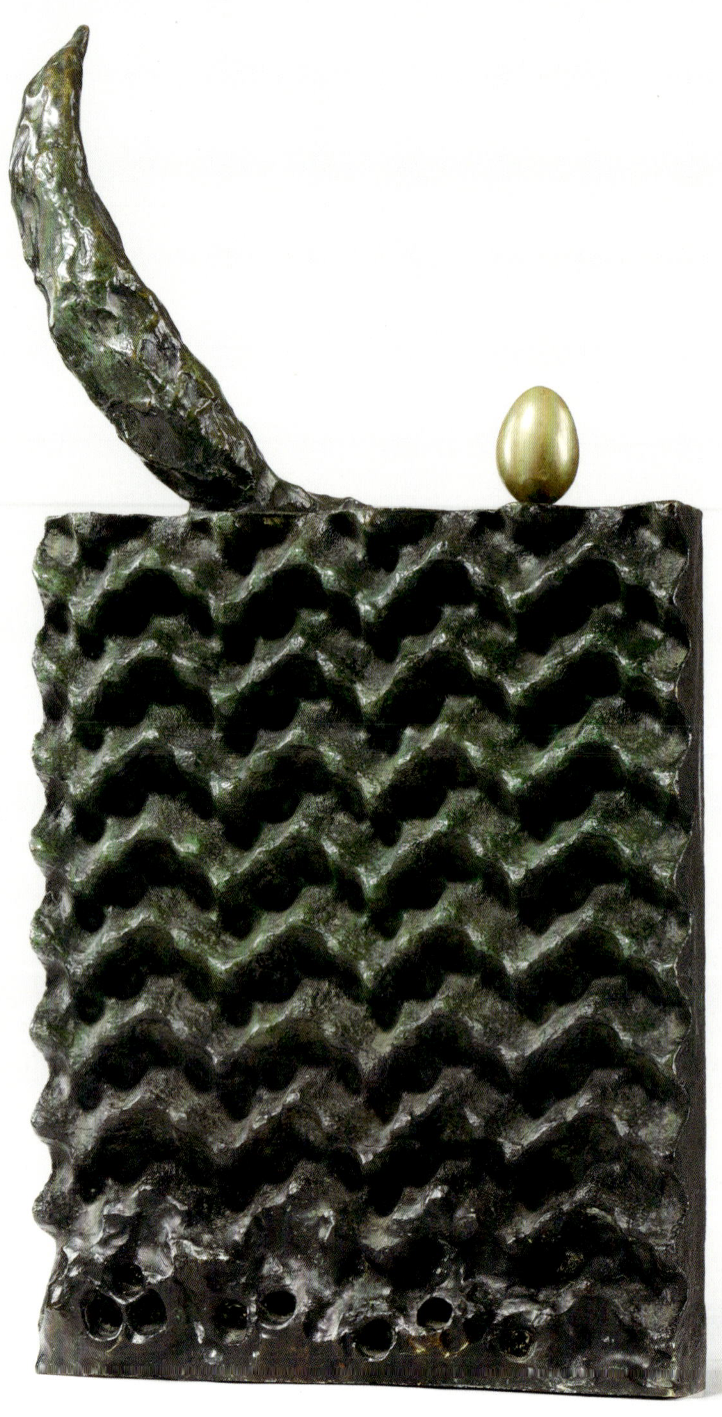

Constellation silencieuse / *Silent constellation*, 1970, brons / *bronze*, 69 x 36 x 15 cm.

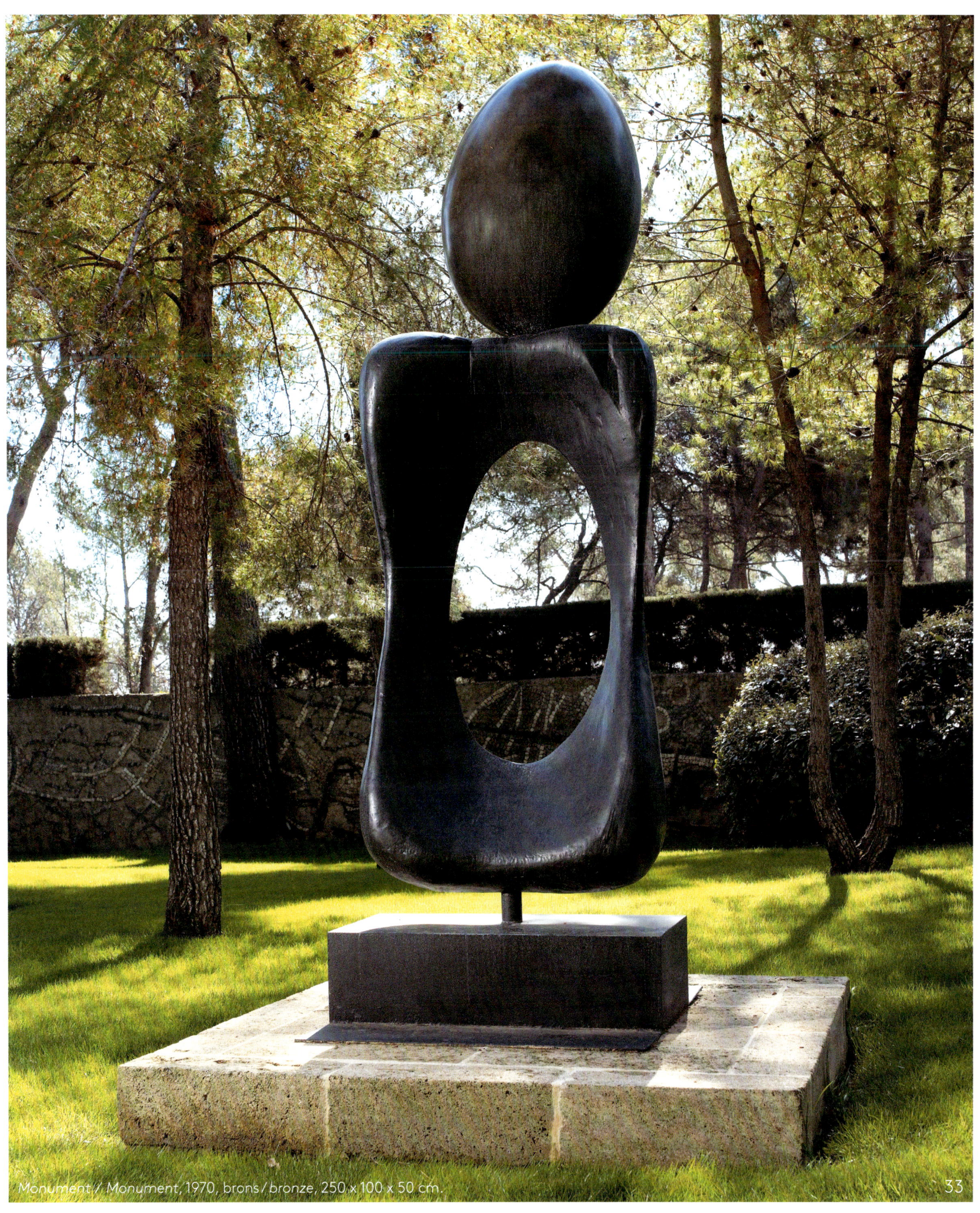
Monument / Monument, 1970, brons / bronze, 250 x 100 x 50 cm.

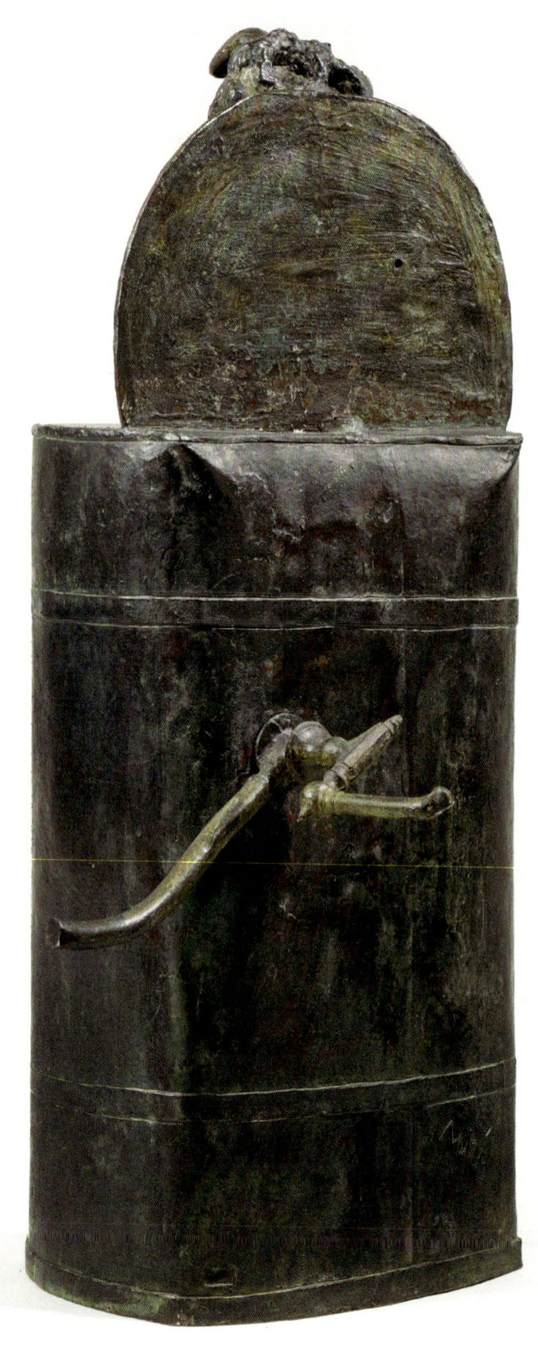

Femme / Women, 1969, brons / *bronze*, 83 x 49 x 50 cm.

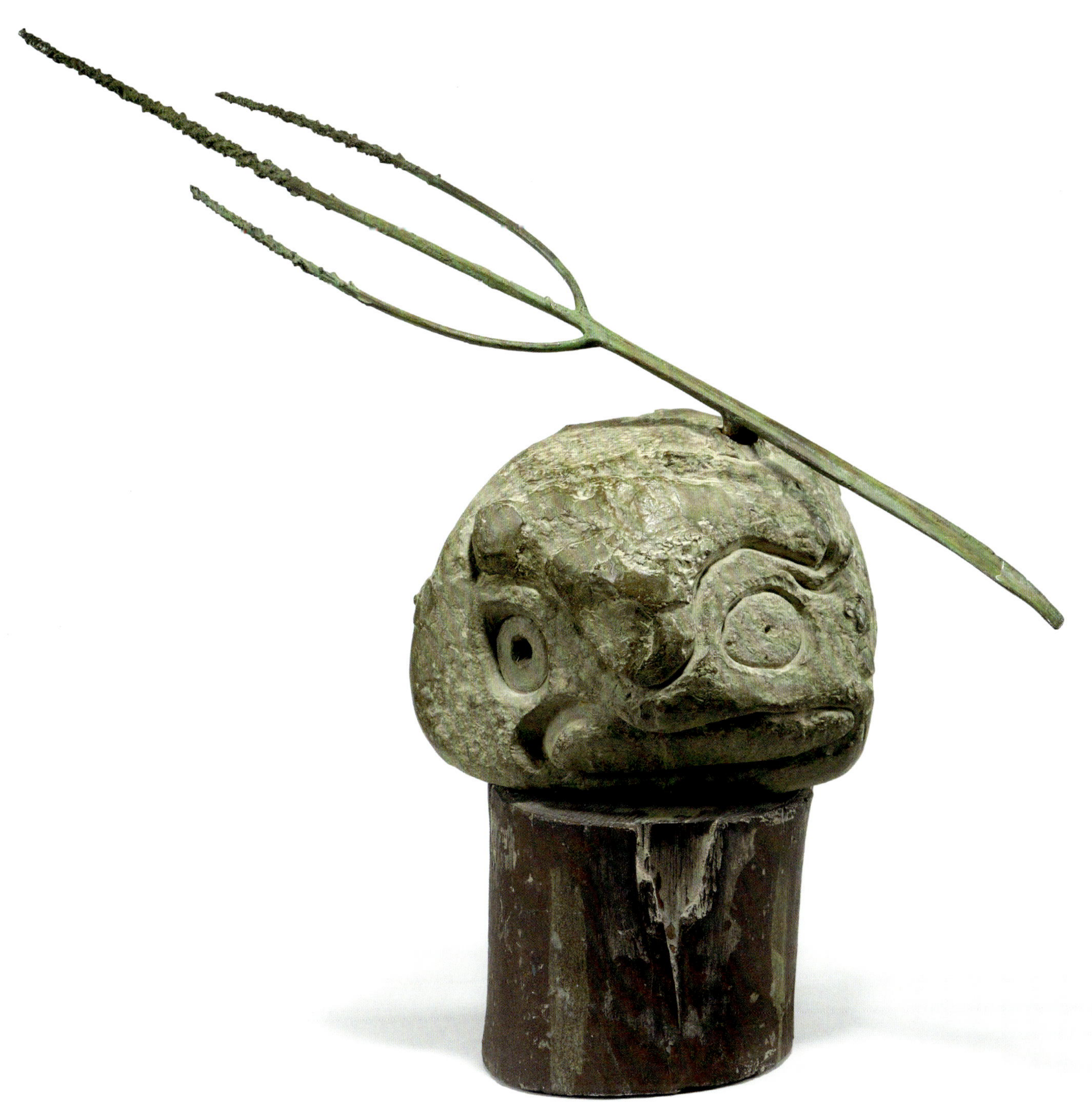

Tête et oiseau / Head and bird, 1967, brons / *bronze*, 62 x 81 x 21,5 cm.

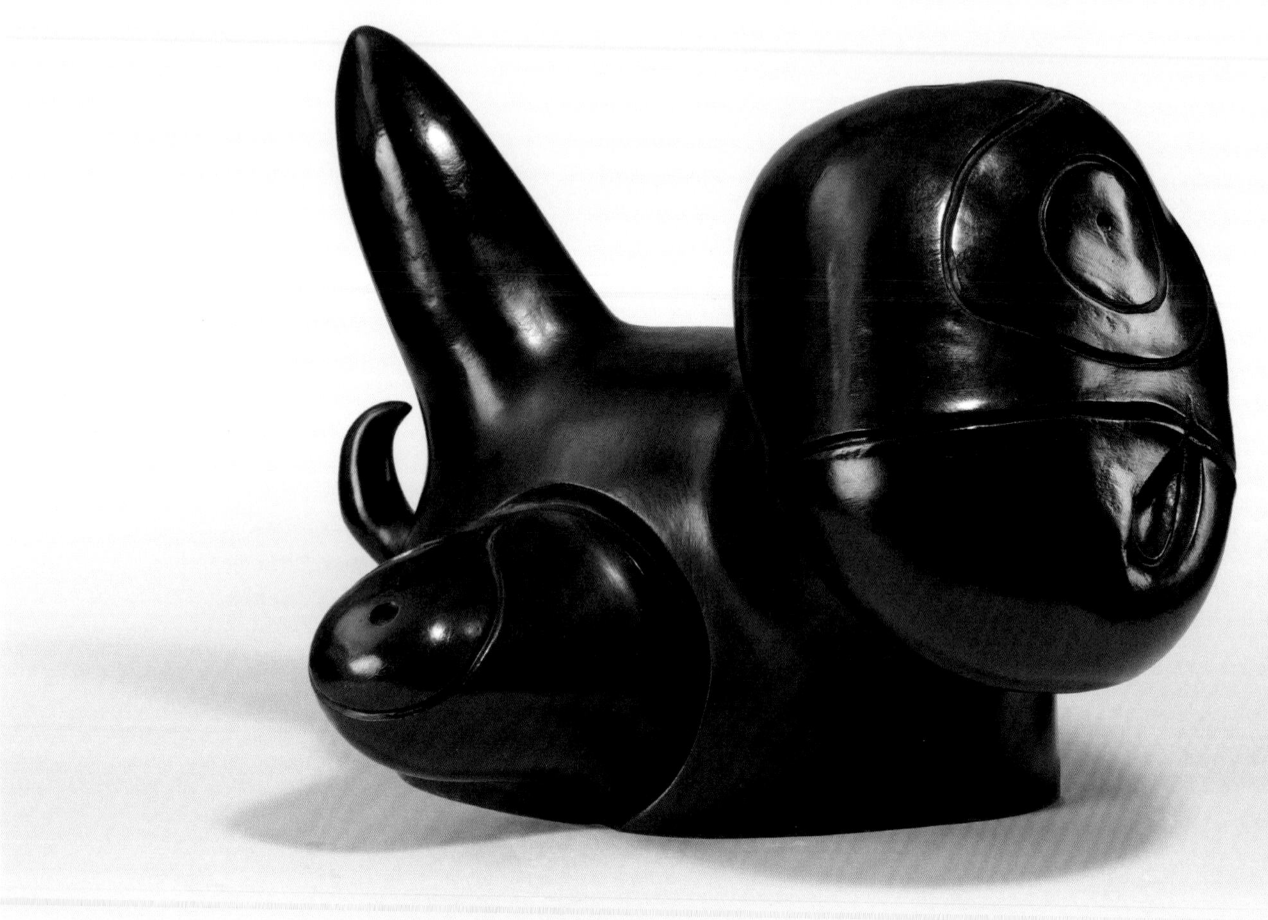

Chien / Dog, 1974, brons/*bronze*, 32 x 43,5 x 25 cm.

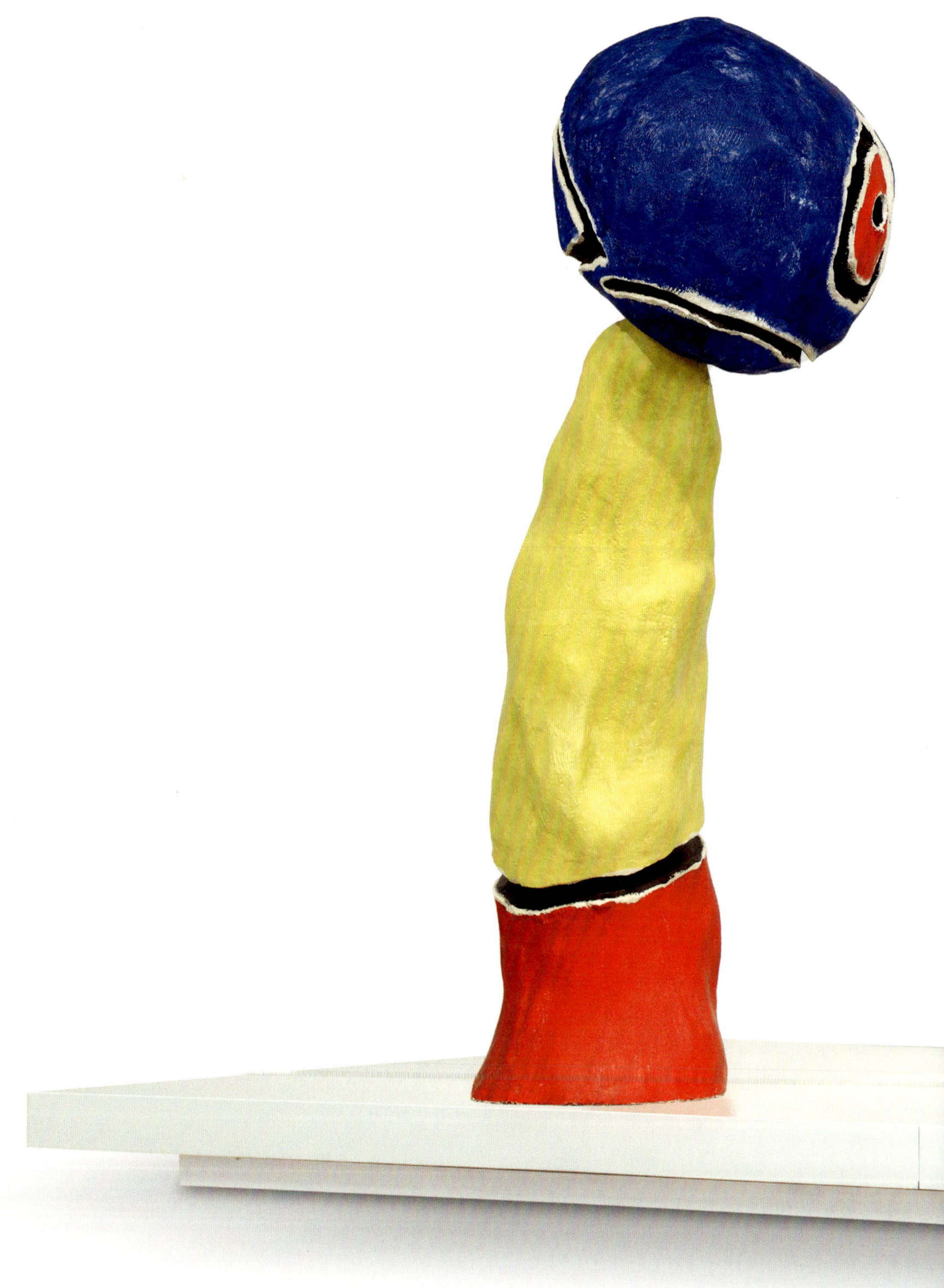

 Couple d'amoureux aux jeux de fleurs d'amandier / Pair of Lovers playing with almond blossom, 1975, beschilderde synthetische hars/

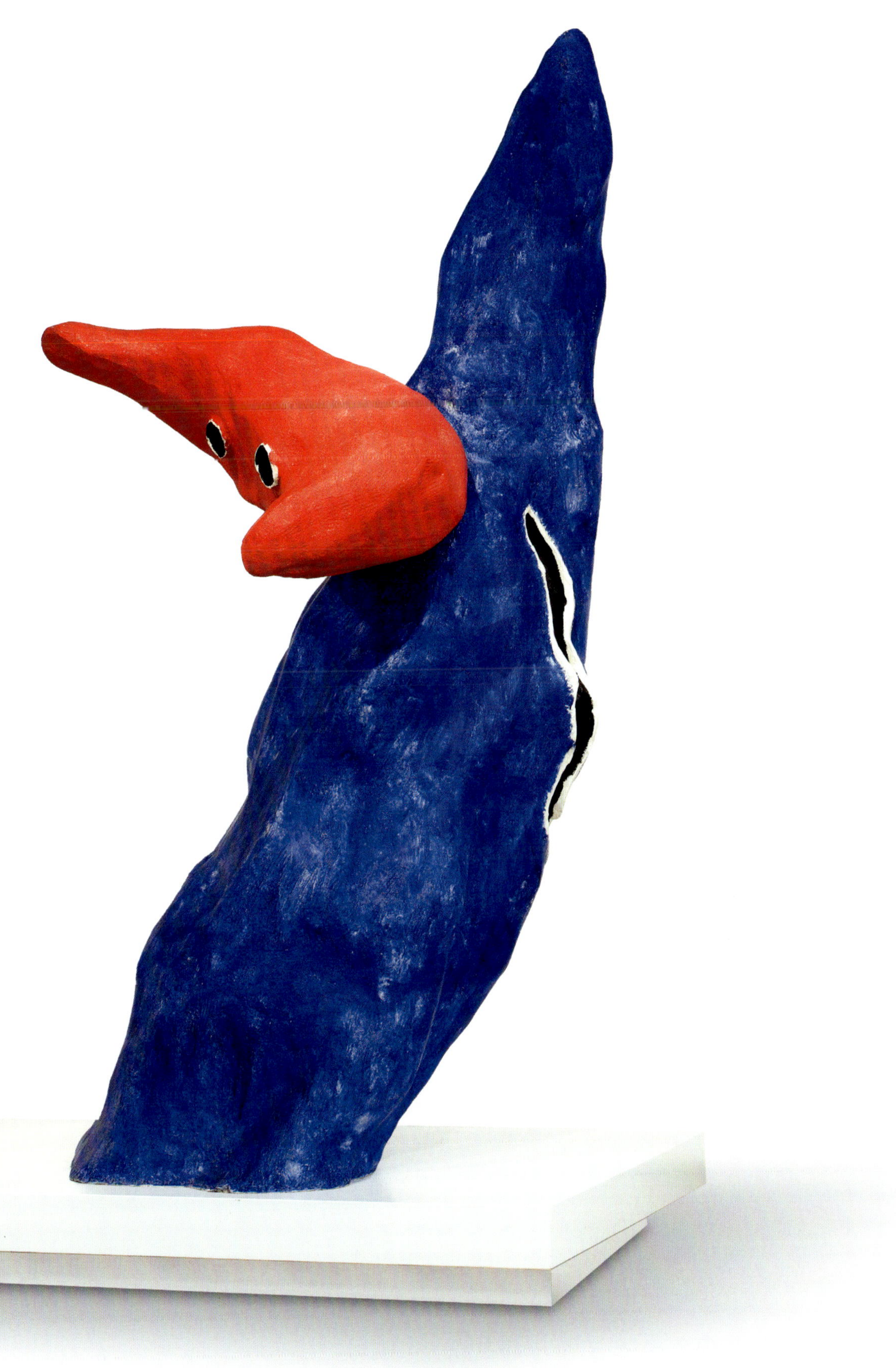

painted synthetic resin, 299,5 x 160 x 140 cm. Model voor de sculpturale groep bij La Défense/*Model for the sculptural group at La Défense*, Paris.

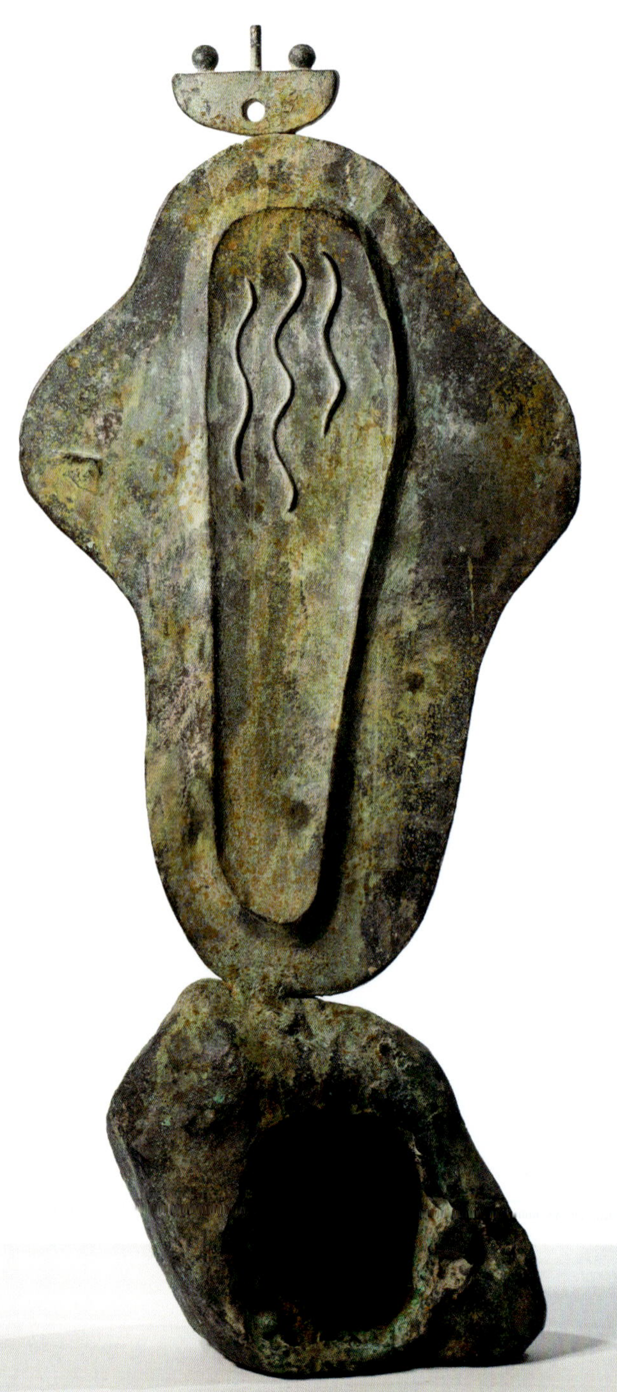

Femme dans la nuit / Woman in the night, 1967, brons/*bronze*, 63,2 x 27,6 x 14,5 cm.

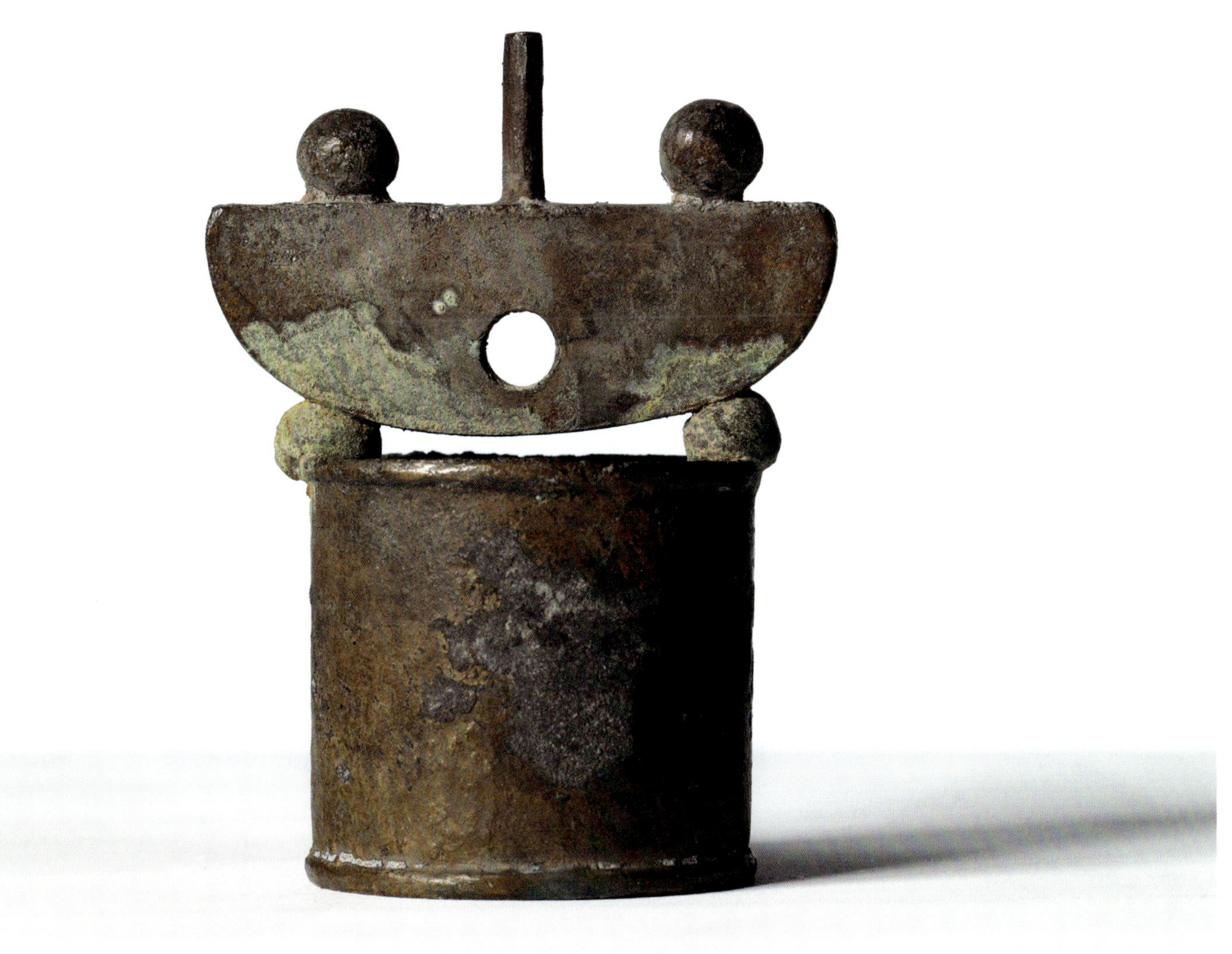

Tête de femme / Head of a woman, 1966, brons / *bronze*, 11 x 8,5 x 6 cm.

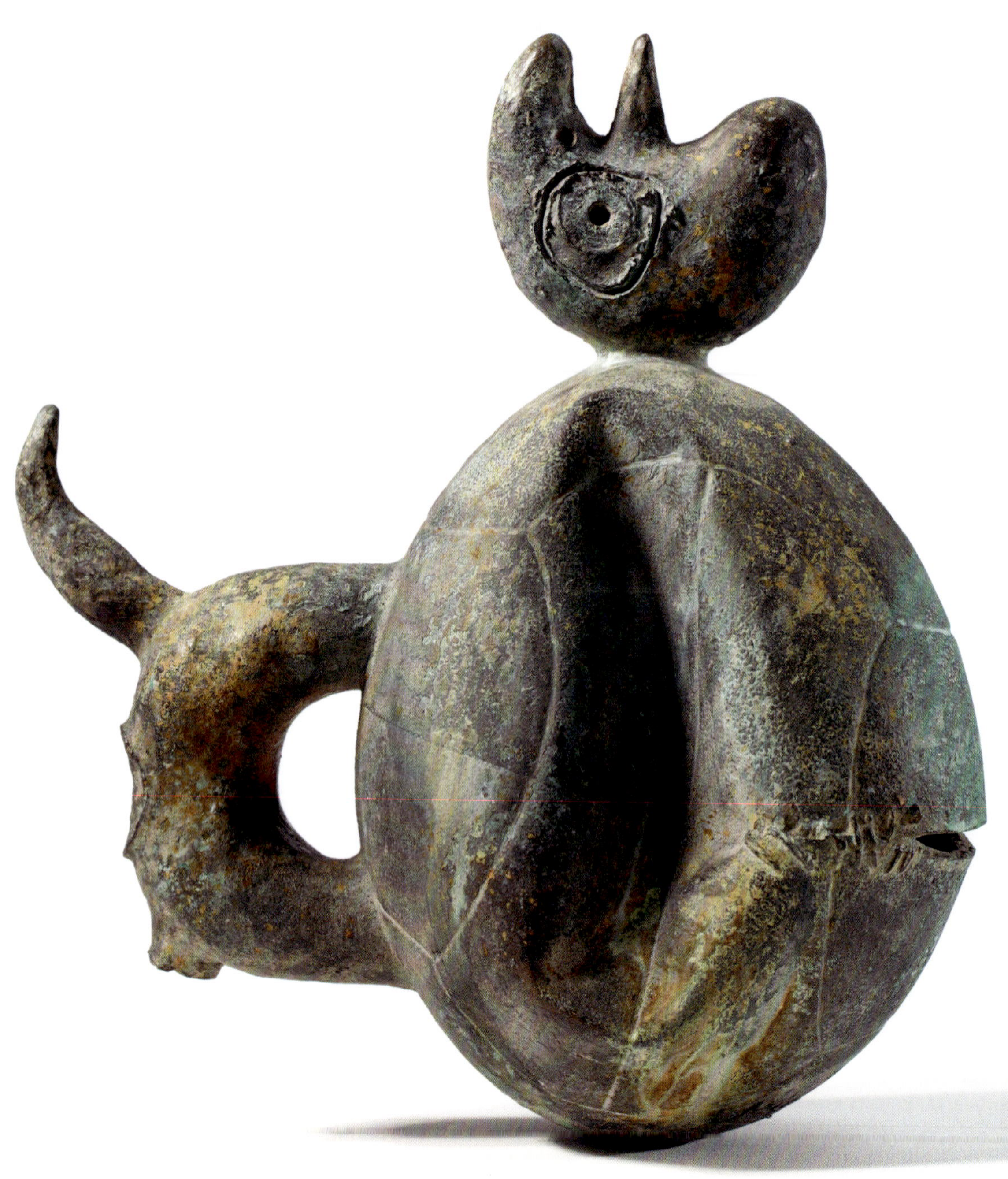

Femme / Woman, 1966, brons/*bronze*, 30,4 x 25,8 x 14,3 cm.

Van een eigen mythologie tot de schepping van een nieuwe wereld: Joan Miró's sculptuur en creatieve proces

Door Ester Ramos Pla
Hoofd reizende tentoonstellingen Fundació Joan Miró

'[...] Wat ik bedoel met mythologie? Onder mythologie versta ik iets dat een sacraal karakter bezit, zoals een oude beschaving. Zelfs een boom is een mythologisch element. Een boom behoort niet tot het plantenrijk. Het is iets menselijks. Een mooie boom ademt en luistert naar je; hij wordt verliefd op zijn knoppen als ze in bloemen veranderen en op zijn bloemen als ze vruchten worden; hij weerstaat de wind en houdt van je. Voor mij is die menselijke aanwezigheid in dingen mythologie. Dat is de reden waarom ik een kiezelsteen of een rots niet als iets doods beschouw. [...].'[1]

In de jaren twintig verkeerde Joan Miró in de kring van surrealistische schilders en schrijvers, die net als hij in Parijs woonden. Onder hun invloed begon hij zichzelf niet langer alleen als schilder te zien, maar als schilder-dichter. Vanaf

From a mythology of his own to the creation of a new world: Joan Miró's sculpture and creative process

By Ester Ramos Pla
Head of Touring Exhibitions Fundació Joan Miró

L'oiseau se niche sur les doigts en fleurs / The bird nests in bloom fingers, 1969, brons / *bronze*, 80,5 x 45 x 27,5 cm.

'[...] What do I mean by mythology? By mythology I mean something that is endowed with a sacred character, like an ancient civilization. Even a tree is a mythological element. A tree is not from the vegetable kingdom. It is something human. A beautiful tree breathes and listens to you; it falls in love with its buds as they turn into flowers and its flowers as they turn into fruits; it resists the wind and it loves you. For me, that human presence in things is mythology. That is why I don't think of a pebble or a rock as something dead. [...].'[1]

Influenced by the circle of Surrealist painters and writers with whom he lived in Paris in the 1920s, Joan Miró would identify himself not only as a

dat moment veranderde Miró's kijk op kunst en begreep hij dat er geen grenzen waren tussen schilderkunst en poëzie. Voor hem waren beide artistieke categorieën nauw met elkaar verbonden, net zoals kunst verbonden zou moeten zijn met het leven, een streven dat zijn hoogtepunt vond in zijn sculpturen voor de publieke ruimte.

Eind jaren twintig begon Miró een duidelijke wens te koesteren om de grenzen van de traditionele schilderkunst te doorbreken. Vanuit die gedachte toonde hij in zijn werk een opmerkelijke belangstelling voor de gebruikte dragers en materialen, waaraan hij, net als aan de schilderkunst zelf, in alle kunstwerken een belangrijke en bijzondere rol toekende.[2] Daarbij maakte hij geen onderscheid tussen de meest hoogstaande en de meest bescheiden of ongewone materialen.

painter, but also as a painter-poet. It was from that moment when Miró began to perceive art in a way that was different from the established one, understanding that there were no limits between painting and poetry. For him, both artistic categories were closely linked, just as art should be joined to life, and whose premise would culminate in his public sculptures.

In the late 1920s, Miró began to display a clear desire to transgress the limits of traditional painting. Based on that approach, Miró's work would reveal a remarkable interest in the supports and materials used, on which he conferred an outstanding and noble category, like painting itself, in all works of art.[2] With no distinction between the loftiest and the most modest or unusual ones.

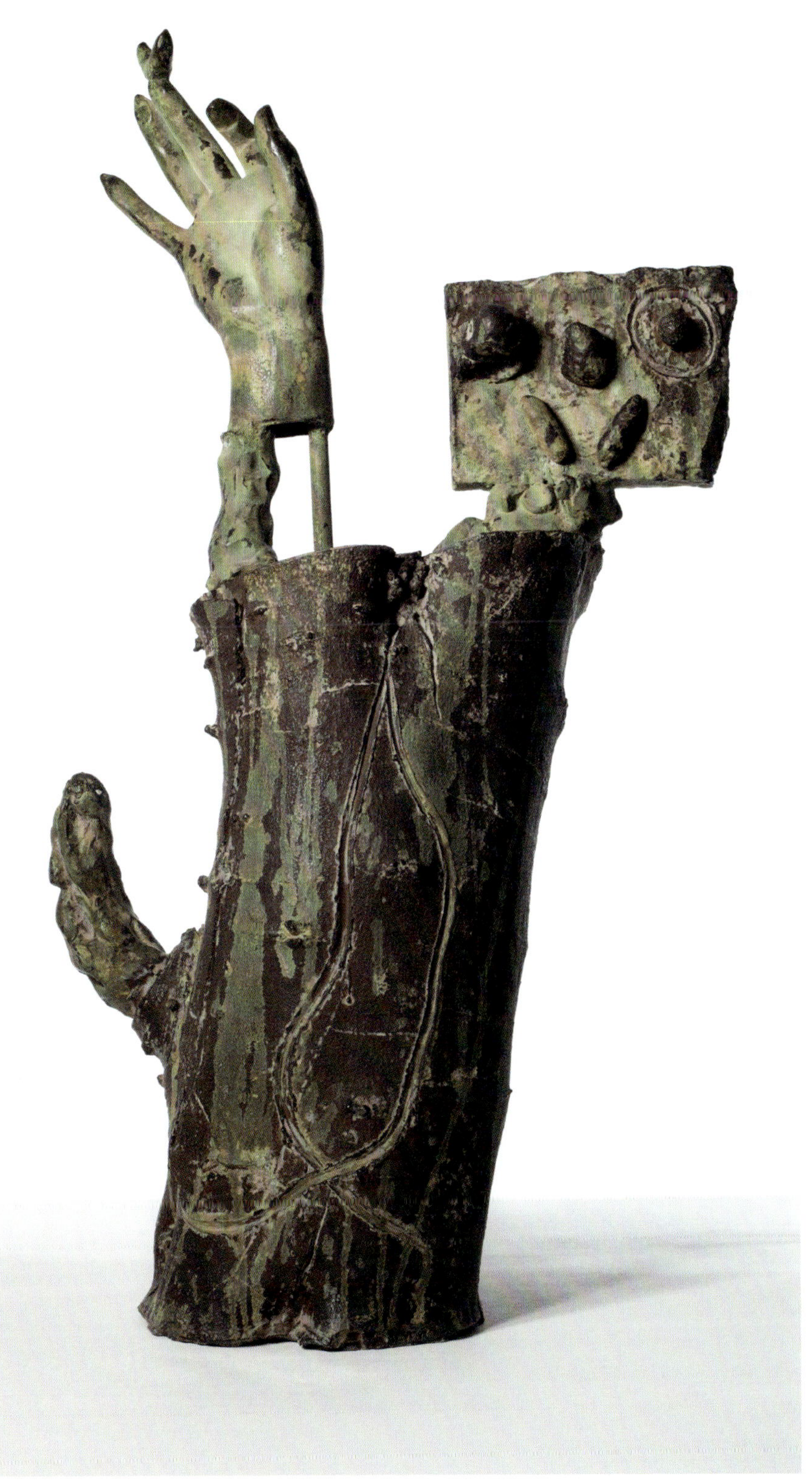

Het belang dat hij hechtte aan het materiaal van de gebruikte dragers, gecombineerd met een uitgesproken voorliefde voor het object – een uitvloeisel van het surrealisme – zou ertoe leiden dat hij het tot een integraal onderdeel van zijn werk maakte, waarbij hij het in eerste instantie gebruikte als een vervanging voor representatie.

De introductie van het fysieke object in zijn creaties maakte ook dat hij de behoefte voelde om het te koesteren. Zo was Miró een groot verzamelaar van bescheiden en eenvoudige objecten, volkskunst die het leven van mensen verreikt, ongeacht hun culturele achtergrond, maar ook van schijnbaar onbeduidende dingen uit de natuur. Hun eenvoud, hun elementaire karakter, zoals een kiezelsteen die hij opraapte aan de kust of een houten pollepel die werd gebruikt bij het koken, oefende een sterke aantrekkingskracht op hem uit, waardoor dit soort voorwerpen een van zijn grootste inspiratiebronnen werd.

Juist op het gebied van de beeldhouwkunst nam zijn passie voor het object exponentieel toe. Al in de jaren veertig zette de kunstenaar enkele belangrijke uitgangspunten voor zijn sculpturale werk op papier:

'Bij het maken van sculpturen ga [ik] uit van de voorwerpen die ik verzamel, zoals ik ook gebruikmaak van vlekken op papier en imperfecties in het doek – [ik] doe dit hier op het platteland op een manier die echt leeft, in samenspel met de elementen van de natuur [...].'[3]

Zijn ideeën putte hij uit de eenvoudigste en meest alledaagse dingen omdat hij die beschouwde als voorwerpen 'met een waar menselijk karakter', ontdaan van valse pretenties. Voor Miró waren dit ambachtelijk gemaakte objecten,

The importance of the materiality of the supports used, together with a declared taste for the object – a legacy of Surrealism – would lead him to incorporate it as an intrinsic part of the work, using it, at first, as a substitute for representation.

The introduction of the physical object in his creations led to the need to treasure it. In this sense, Miró was a great collector of objects, of those humble and simple things that folk art brought to the lives of people, regardless of their culture of origin. And also of apparently insignificant elements originating from nature. Their simplicity or elementary character, such as that of a pebble picked up from the seashore or of a wooden ladle used for cooking, awakened a strong attraction within Miró that made such objects one of his greatest sources of inspiration.

It was precisely in the field of sculpture where his passion for the object would increase exponentially and, as far back as the 1940s, the artist himself had already written down some of the cornerstones of his work in this field:

'When sculpting, start from the objects I collect, just as I make use of stains on paper and imperfections in canvases – do this here in the country in a way that is really alive, in touch with the elements of nature [...]'[3]

His ideas came from the simplest and most everyday things because he considered them to be the ones endowed with a true human character, stripped of false pretensions. For

maar ook de voorwerpen die hij vond in de vrije natuur. Zijn visionaire vermogen bracht hem ertoe ze tot kunst te verheffen en de poëzie bloot te leggen die in elk van hen schuilt.

Miró gaf de objecten steeds een sleutelrol in zijn creaties. Enerzijds door ze in het kunstwerk zelf te integreren als drager of als onderdeel van de compositie. Daardoor werden ze ontdaan van hun eigenlijke functionaliteit en kregen ze een nieuwe betekenis in de stijl van de 'readymade'. Anderzijds gebruikte Miró objecten als een inspiratiebron door zich ermee te omringen in zijn atelier: in zijn geboortehuis in Barcelona, in de boerderij van zijn familie op het platteland in Mont-roig del Camp, Tarragona, en in zijn ateliers in Son Abrines en Son Boter op Mallorca.

Aan de wanden van zijn ateliers hingen altijd inspirerende afbeeldingen, ansichtkaarten en krantenknipsels, die samen een compilatie vormden van volkstradities of naar andere culturen verwezen. Op de planken en meubels stonden kerststalbeeldjes en *siurells* (handgemaakte gipsen beeldjes met fluitjes van Mallorca, gedecoreerd met penseelstreken in primaire kleuren), maar ook plantenwortels die hij aan de kust vond, gedroogde pompoenen, een baksteen, gefossiliseerde botten van dieren, een kurk van een fles, speelgoed en suikerbroodfiguurtjes.

De creatieve sfeer die zijn ateliers ademden, werd door Miró zelf nauwgezet uitgedacht. Voor hem moest zijn werkomgeving de nodige inspiratie brengen, een streven dat hij als een constante herinnering in zijn aantekeningen noteerde om zijn doel helder voor ogen te houden. Hij beschreef dit al sinds zijn vroege experimenten op sculpturaal gebied:

Joan Miró's collectie volkskunstobjecten in zijn atelier in Barcelona/ *Joan Miró's collection of folk art objects in his Barcelona studio*, 1942-1947. Foto/*photo*: Joaquim Gomis

Miró, those things are artisan-created objects, as are the elements of nature that one stumbles upon in the field. His visionary capacity would lead him to exalt them, revealing the poetics intrinsically found in each and every one of them.

At all times, Miró gave them a key role in his creations. On the one hand, by introducing them into the artwork itself, forming part of it either as a support or as an element of the composition. Their incorporation into the work stripped them of their true functionality and gave them a new meaning in the 'ready-made' style. On the other hand, Miró used objects as a pure source of inspiration by surrounding himself with them in his workspace. In his city, Barcelona, in the house where

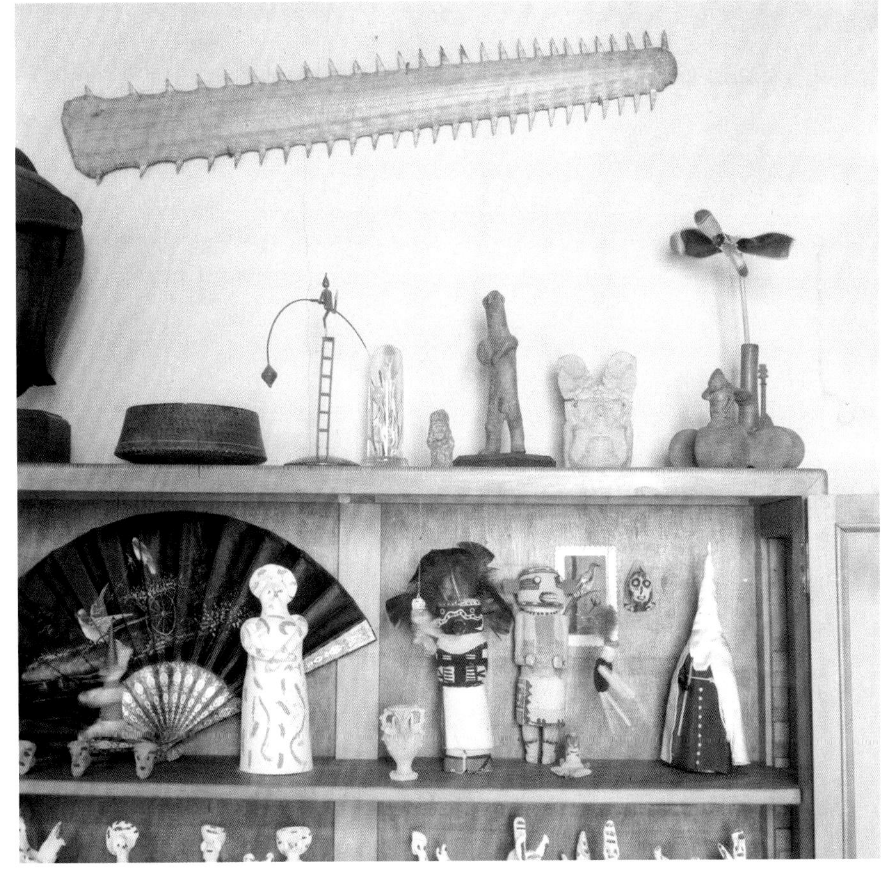

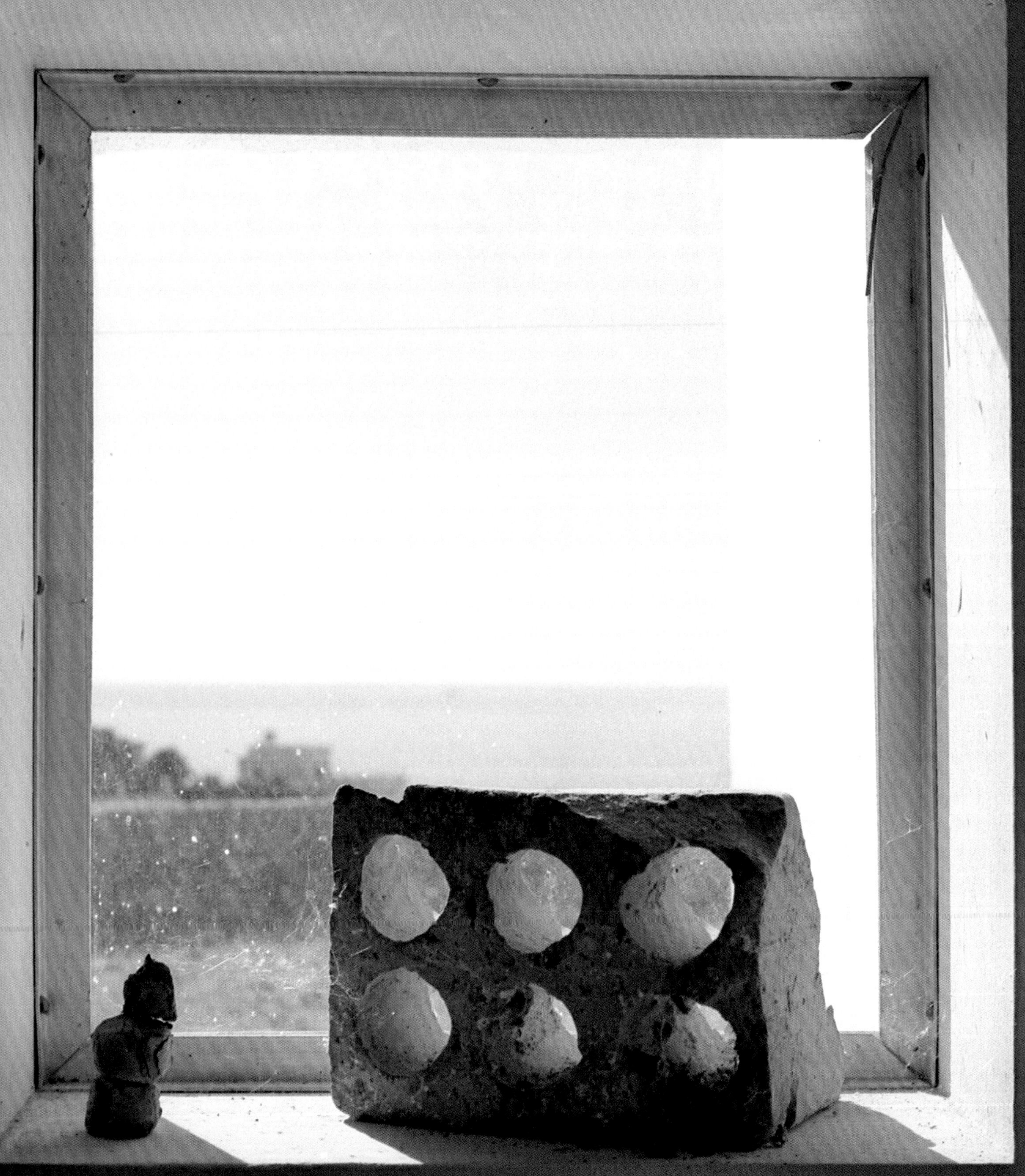

'Een groot atelier voor mezelf bouwen, vol sculpturen die je het geweldige gevoel geven dat je een nieuwe wereld betreedt [...], de sculpturen moeten lijken op levende monsters die in het atelier wonen – een wereld op zich.'[4]

Terwijl de sfeer in zijn ateliers essentieel was voor de totstandkoming van zijn werk, zou ook hun geografische locatie invloed hebben op de aard van de techniek die hij gebruikte. De omringende landschappen bepaalden zijn plastische en poëtische ideeën en vormden steeds het uitgangspunt voor zijn creaties. De stad was volgens Miró een plek om te schilderen, terwijl het platteland, Mont-roig del Camp, de perfecte omgeving was voor het maken van sculpturen: '[...] het regent, de grond wordt nat, ik raap wat modder op – het wordt een beeldje. Een kiezelsteen kan voor mij een vorm bepalen.'[5]

Miró vond de natuur ook de beste plek om een sculptuur te bewaren. Volgens hem moest een sculptuur 'opgaan in de bergen, de bomen, de stenen; als al deze afzonderlijke elementen worden samengevoegd, moeten ze een geheel vormen'.[6]

Dankzij zijn eerdere experimenten op het gebied van keramiek begon Miró te werken met sculpturale technieken. Halverwege de jaren veertig maakte hij in Mont-roig zijn eerste keramische sculpturen, waarbij hij rechtstreeks werd geïnspireerd door elementen uit de natuur. Hij was gefascineerd door het bijzondere karakter van het rotsachtige, 'azijnrode' landschap en schilderde zelfs direct op de rotsen 'om het landschap binnen te dringen en er mijn stempel op te drukken'[7], zoals de kunstenaar het zelf omschreef.

Miró's werk werd bepaald door het landschap: het kwam eruit voort en hij wilde het ook erin situeren. Gelijktijdig

Gevonden voorwerpen in het atelier van Miró, Palma de Mallorca, 1961 / *Found objects kept by Miró in his studio of Palma de Mallorca, 1961.* Foto/*photo*: Joaquim Gomis

he was born; in the countryside, in the family farmhouse in Mont-roig del Camp, Tarragona; and in Mallorca, in Son Abrines or Son Boter.

Inspiring images, postcards and press clippings, which together formed a compilation of popular traditions or alluded to other cultures, could always be found hanging from the walls of his studios. The shelves and furniture supported manger figurines, siurells (Mallorcan whistles handcrafted from plaster and decorated with brushstrokes in primary colours), as well as roots of plants collected from the seashore, dried pumpkins, a piece of brick, fossilised animal bones, a cork stopper, toys or sweet bread figures.

The creative atmosphere that could be breathed in his workspaces was conscientiously studied by Miró himself. He was clear that the environment in which he worked should emanate all necessary inspiration, and he indicated that in his notes, with which he insistently seemed to remind himself of that so as never to lose the pace of work. That is precisely what he described in his work notes when thinking about sculpture, already from his early forays into that field:

'Build myself a big studio, full of sculptures that give you a tremendous feeling of entering a new world [...], the sculptures must resemble living monsters who live in the studio – a world apart.'[4]

The atmosphere inside his studios would be key to his work, and their

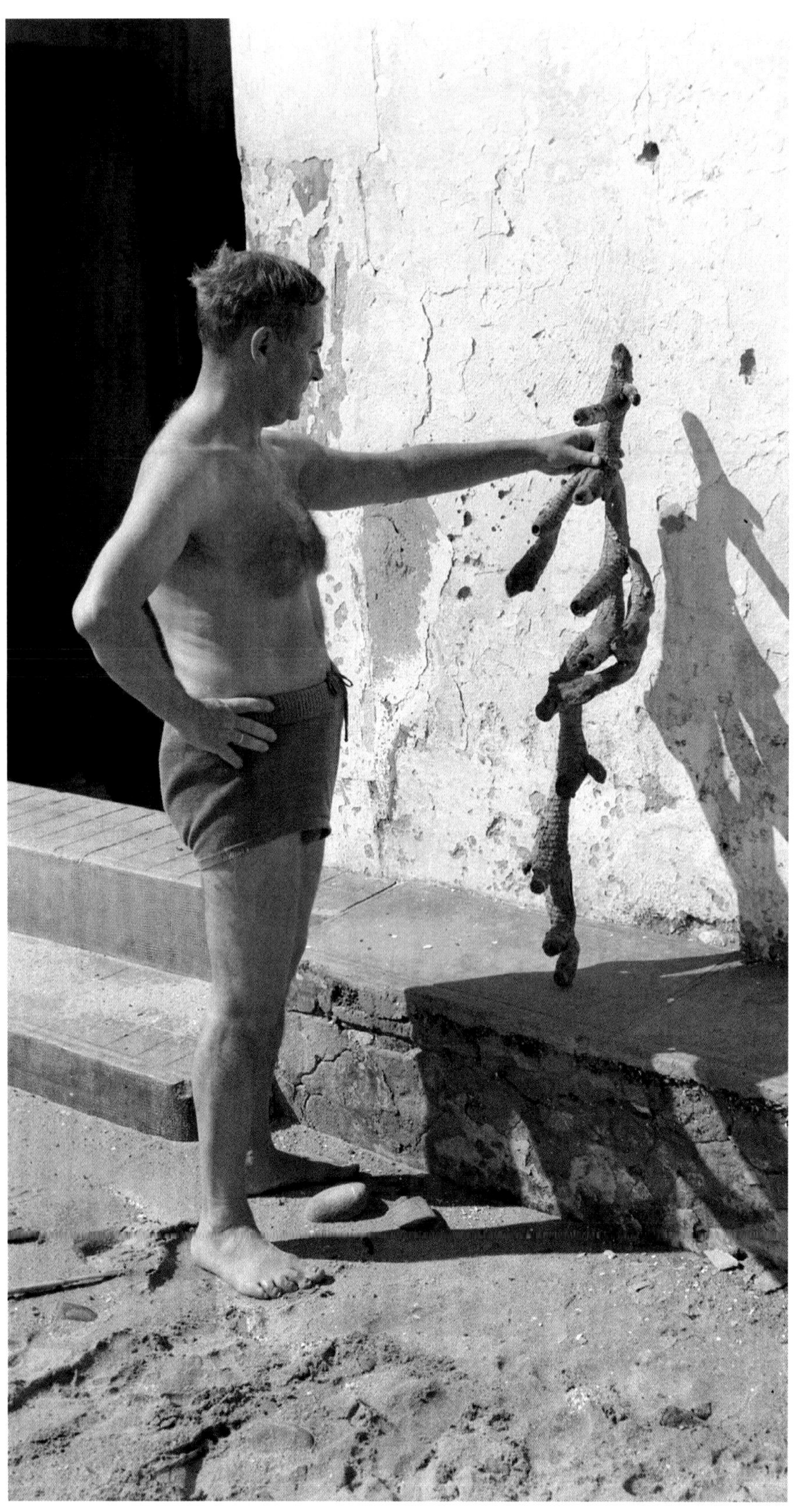

met deze belangstelling voor keramiek en materie begon Miró zich ook te verdiepen in de techniek van het bronsgieten. Dit deed hij met hulp van de gieterij van V. Gimeno. Samen met hem maakte hij zijn eerste sculpturen, die eerst in klei werden gemodelleerd en later via de verlorenwasmethode in brons werden gegoten. Hij bestudeerde de resultaten van dit proces en werkte onophoudelijk aan de ontwikkeling van de techniek voor het gieten of reproduceren van objecten uit de natuur:

'Neem bamboeriet, snijd het een beetje bij met een mes en giet het af of breng er een laagje gips op aan en bewerk het verder... Ik zou zelfs een gipsen reproductie kunnen maken, zoals de fluitjes van Mallorca, en die kunnen beschilderen.'[8]

In brons vertaalde de kunstenaar in zijn eerste sculpturen de vormen waarmee hij een schat aan eigen symbolen tot leven wekte: figuren, hoofden,

geographical location would even influence the type of technique used for it. The landscapes hosting them were decisive to his plastic and poetic conception. They would always be used as a starting point for his creations: the city, according to Miró himself, was for painting, while the countryside, Mont-roig del Camp, was the perfect setting for the conception of sculpture: '[...] it rains, the ground gets wet, I pick up some mud it becomes a little statuette. A pebble might determine a form for me.'[5]

And it was in the heart of nature where a sculpture had to be kept. For Miró, it 'should blend in with the mountains, the trees, the stones; when put together, all these elements must form a whole.'[6]

vogels en vrouwen. Deze sculpturen, aanvankelijk van klein formaat, maakte hij met de bedoeling om ze ooit uit te vergroten en op monumentale schaal te reproduceren, zoals hij al aankondigde bij zijn eerste keramische scheppingen: 'ben aan het dromen over een mogelijke combinatie met architectuur. Dit zou een manier zijn om grote flatgebouwen te verfraaien – een weigering om de mensen die erin moeten wonen als ongevoelige robots te behandelen.'[9]

Miró's intentie om monumentale sculpturen te maken, kwam voort uit zijn verlangen om de openbare ruimtes van de stad menselijker te maken. Door het gebruik van weerbestendige materialen en de duidelijke wens om zijn creaties aan te passen aan de desbetreffende locatie, presenteerde Miró zijn scheppingen als kunst met een menselijk karakter.

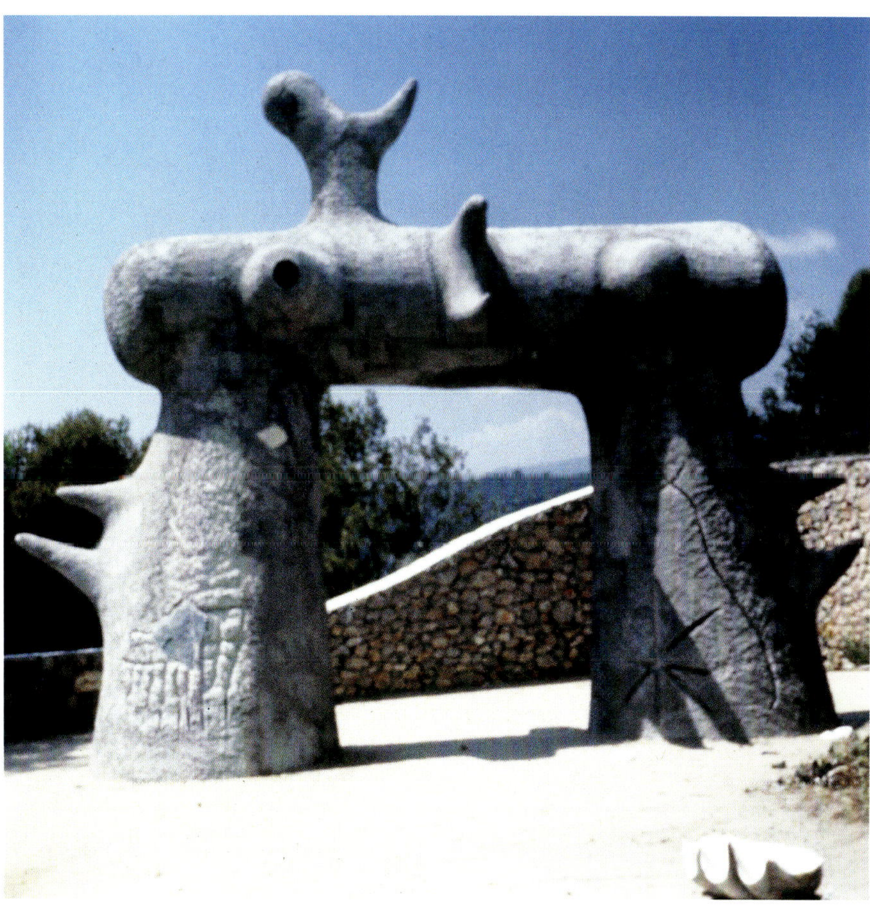

For Miró, the step towards the sculptural technique came thanks to his previous foray into the field of ceramics. In the mid-1940s, inspired directly by natural elements, he created his first ceramic sculptures in Mont-roig. Fascinated by the characteristics of this rocky, vinegar-red landscape, he even painted directly on the rocks 'in order to enter this landscape and put my mark on it',[7] as described by the artist himself.

It is precisely the landscape that dictated his work; it came from the landscape and Miró wanted to situate it within that landscape. Simultaneously to his interest in ceramics and matter, Miró started using the bronze sculpture technique with aid from V. Gimeno's foundry. With him, he would make his first sculptures modelled in clay and later cast in bronze through the lost-wax process. As he progressed in the study of the results that this technique could bring him, he would work incessantly to develop the technique for casting or for reproducing natural objects.

'Take bamboo reeds, whittle them a bit with a knife and cast them or simply give them a coat of plaster and continue working on them... I could even make a plaster reproduction, like the Mallorcan whistles, and colour it.'[8]

His first examples seemed to translate into bronze the figures born of a plastic language, with which the artist would give life to a vocabulary of his own signs: figures, heads, birds and women. These sculptures, initially small-format ones, were created with the intention of mak-

L'Arc, van Joan Miró, in het Labyrinth van de Fondation Maeght, Saint-Paul-de-vence, Frankrijk. / The Arch, *by Joan Miró, located in the Labyrinth of the Fondation Maeght, Saint-Paul-de-vence, France.* Foto/photo: Joaquim Gomis

< Miró met een boomwortel op het strand van Mont-roig, 1946 / *Miró contemplating a root, Mont-roig beach 1946.* Foto/photo: Joaquim Gomis

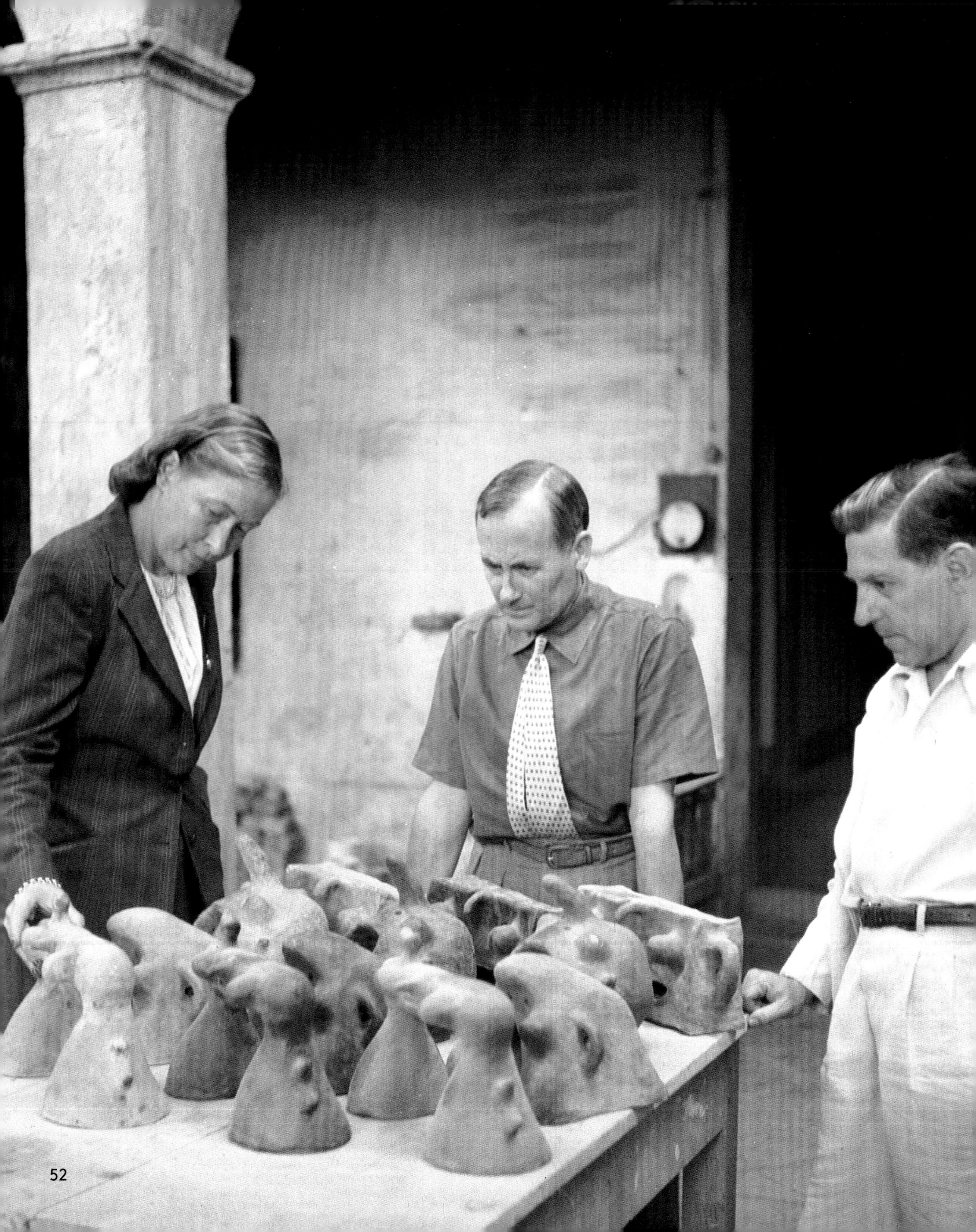

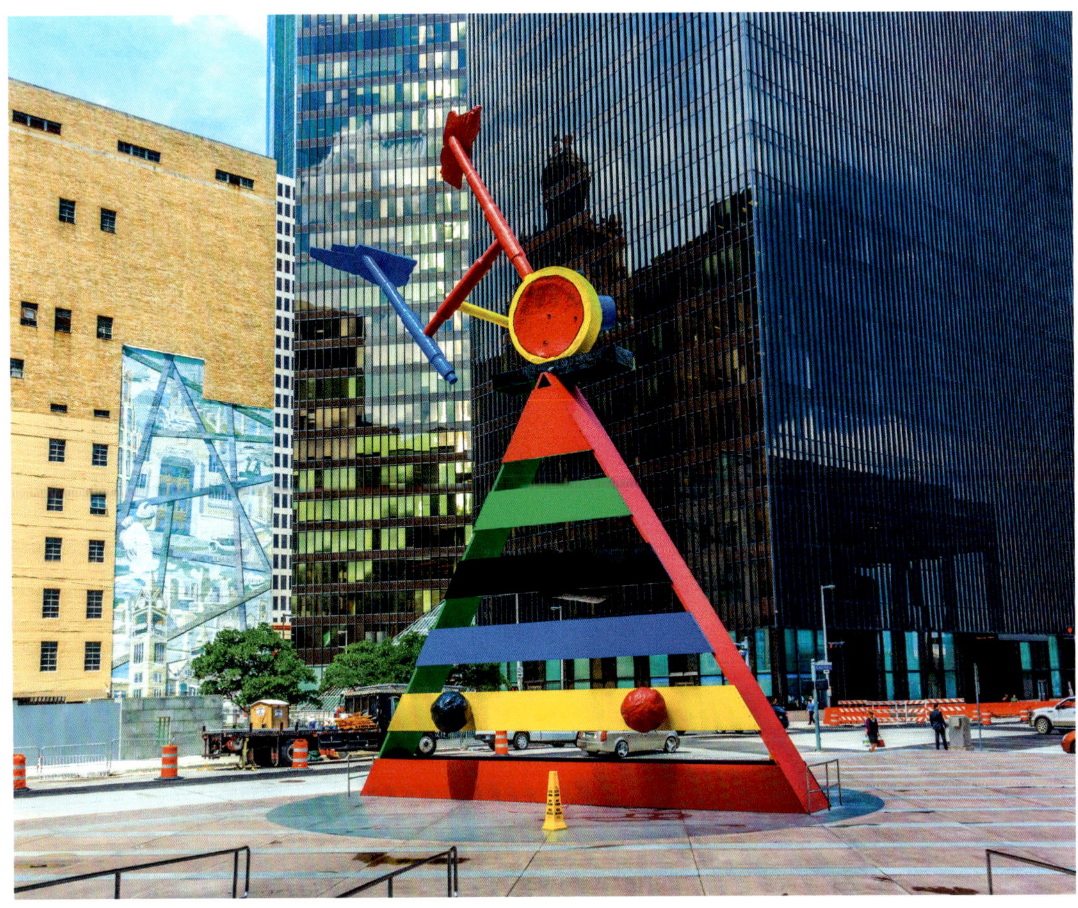

Personnage et oiseaux (Personage and Birds) in Houston.

< Mme Matisse, Joan Miró, Josep Llorens Artigas in/*at* Artigas Atelier, Barcelona. Foto/*photo*: Joaquim Gomis

ing them bigger and someday reproducing them on a monumental scale, as he announced with his first ceramic creations: 'dreaming about a possible connection with architecture. It would be a way of ennobling large apartment buildings – of refusing to treat the people who have to live in them like insensitive robots.'[9]

In fact, Miró's intention to create monumental sculptures always aimed to fulfil his desire to humanise public spaces of the city. Through the use of weather-resistant materials and with the clear desire for them to be adapted to the place, Miró proposed his creations as an art of a human character that is integrated into the space it occupies and that people inhabit.

Following what architecture and landscape dictate, and hugely influenced by Antoni Gaudí's Park Güell, one of the greatest exponents of doing so, Miró succeeded in realising that goal in 1964 with the Labyrinth at the Fondation Maeght in Saint-Paul-de-Vence, in the south of France. In collaboration with the craftsman Josep Llorens Artigas, together they designed a garden of monumental ceramics and sculptures that are set out around the main building. An array of fantastical beings traces a short route among the native pine trees, with the sound of water flowing from the fountains, and the stone walls integrated into the landscape. And, referring to what had been achieved there, Miró stated: 'For years and years, I dreamed about building a monumental arch which people could walk beneath and birds

Personnage et oiseau / Personage and bird, 1970, brons / bronze, 153 x 115 x 42 cm.

Hij volgde wat de architectuur en het landschap dicteerden en werd daarin sterk beïnvloed door het Park Güell van Antoni Gaudí, een van de belangrijkste voorbeelden van deze aanpak. In 1964 bereikte Miró zijn doel met het *Labyrint* bij de Fondation Maeght in Saint-Paul-de-Vence in het zuiden van Frankrijk. In samenwerking met ambachtsman Josep Llorens Artigas ontwierp hij een tuin met monumentale keramische objecten en sculpturen rondom het hoofdgebouw. Een reeks fantastische wezens markeert een korte route die in het door pijnbomen en stenen muren gekarakteriseerde landschap is geïntegreerd. Op de achtergrond is het geluid te horen van water dat uit de fonteinen stroomt. Verwijzend naar wat hij daar had bereikt, zei Miró: 'Jarenlang droomde ik ervan een monumentale boog te bouwen waar mensen onderdoor konden lopen en vogels bovenop konden nestelen. Welnu, dat heb ik gerealiseerd in Saint-Paul.'[10]

Later zou hij nog meer opdrachten voor openbare ruimtes uitvoeren, zoals het *Pla de l'Os-mozaïek* (1976) op La Rambla in Barcelona, *Couple d'amoureux aux jeux de fleurs d'amandier* (Verliefd stel dat speelt met amandelbloesems, 1978) in de wijk La Défense in Parijs, *Moon, Sun and One Star (Miss Chicago)* op het Brunswick Building Plaza in Chicago, Verenigde Staten, en *Dona i ocell* (Vrouw en vogel, 1981-1982) in het Parc de Joan Miró in Barcelona. Sommige daarvan, zoals *Personnage et oiseaux* (Figuur en vogels, 1982) op het United Energy Plaza in Houston, Texas (VS), ontstonden op basis van een eerste versie op kleiner formaat.

Veel van het materiaal dat wordt bewaard in de archieven van de Fundació Joan Miró in Barcelona, maakt duide-

could nest on top. Well, that's what I did at Saint-Paul.'[10]

Later, he would carry out other commissions for public spaces, such as the Pla de l'Os Mosaic (1976) on La Rambla in Barcelona; Couple d'amoureux aux jeux de fleurs d'amandier (Pair of Lovers Playing with Almond Blossoms, 1978) in the La Défense district of Paris; Moon, Sun and One Star (Miss Chicago) in the Brunswick Building Plaza in Chicago, United States; and Dona i ocell (Woman and Bird, 1981-1982) in the Parc de Joan Miró in Barcelona. Some of them, as is the case of Personnage et oiseaux (Personage and Birds, 1982) located in the United Energy Plaza in Houston, Texas (USA), would also be the result of a smaller-sized first edition of the same sculpture.

Much of the material preserved in the archives of the Fundació Joan Miró in Barcelona bears accurate testimony to what the artist's intentions were regarding the result obtained. In the notes accompanying the preparatory drawings for his sculptures, it is possible to read the instructions that Miró had noted down for future reference: 'Fer motllo i guix [Make mould and plaster cast]';[11] *'guardar guix per si cal agrandir [keep plaster cast just in case it needs to be enlarged]';*[12] *'que tingui la grandiositat de L'Ille de Pâques [it should have the grandeur of Easter Island].'*[13]

Together with craftsmen, a plaster version of the clay-modelled piece would be made. This was the fundamental tool for the foundry to transform the piece into a bronze using the lost-wax tech-

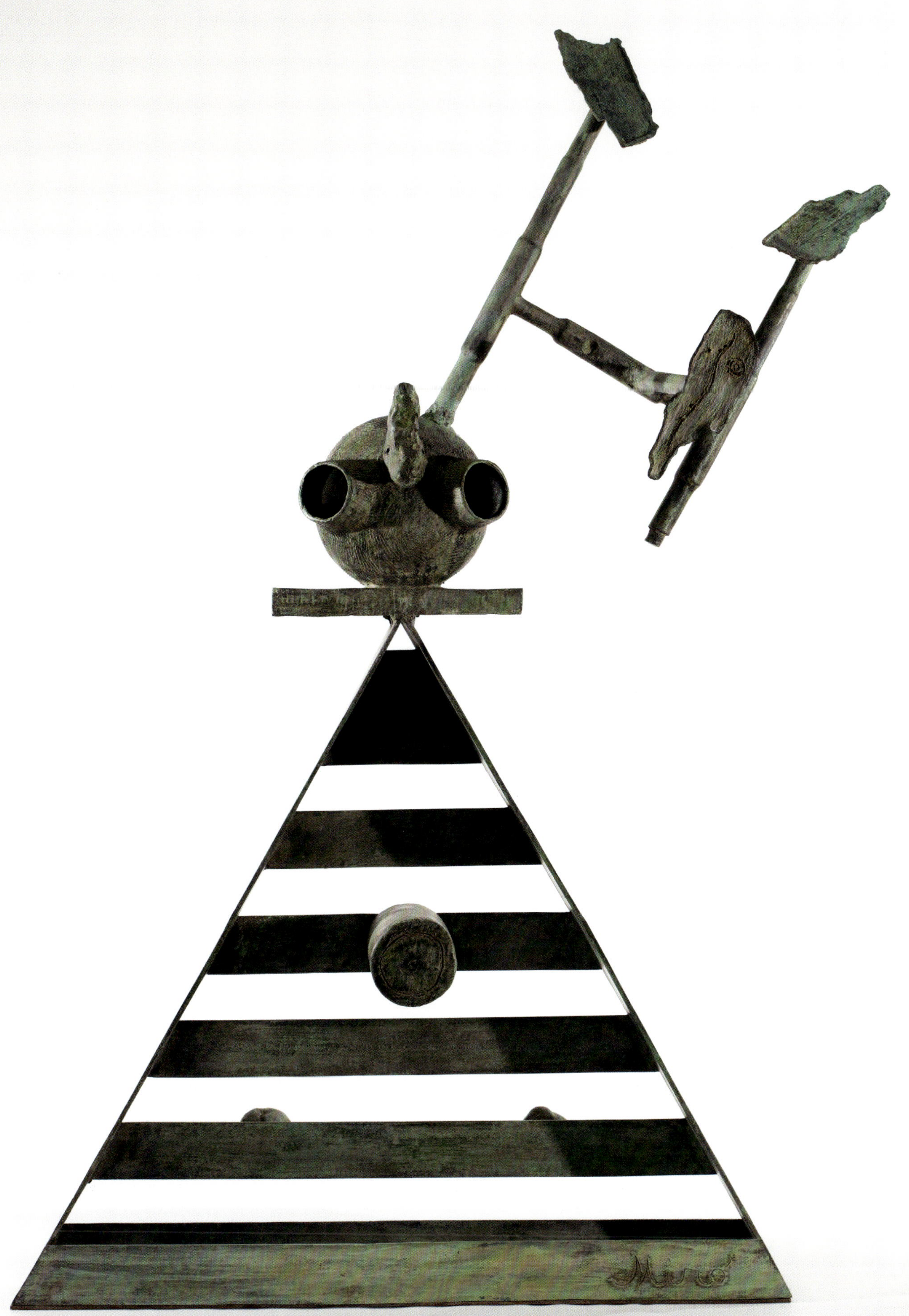

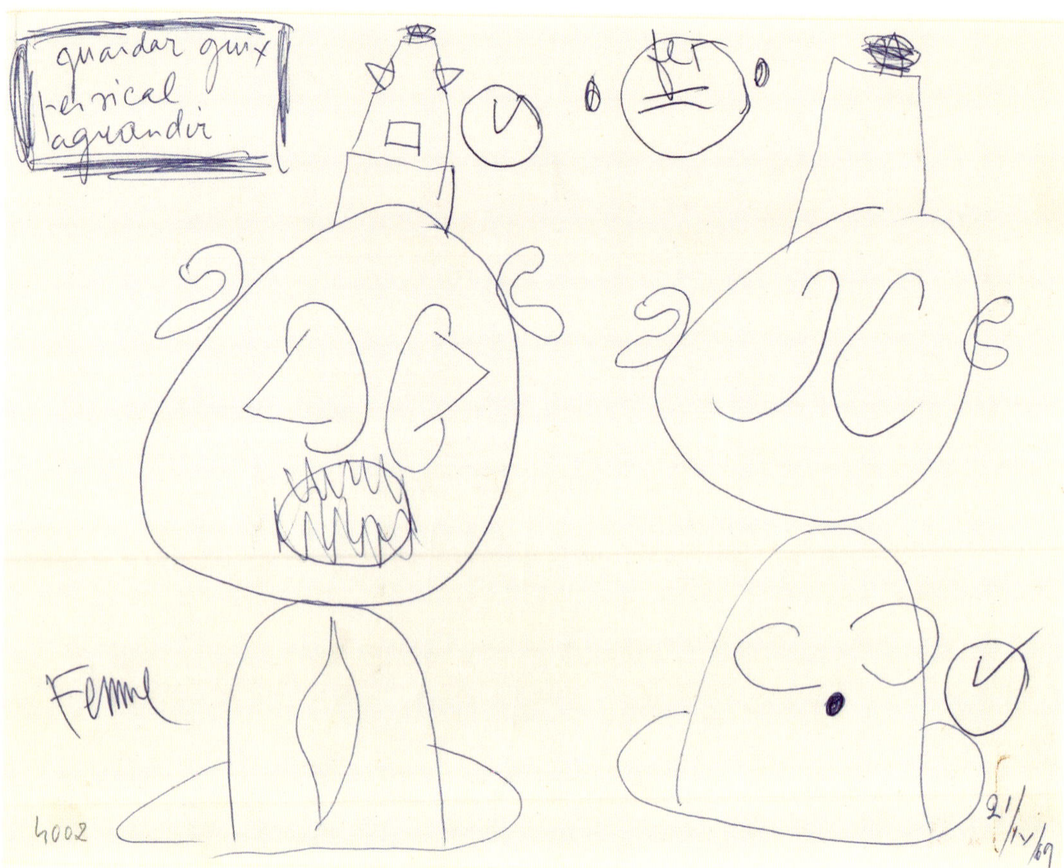

Voorstudie voor *Femme* / *Preliminary drawings for Femme (Woman)*, 1970. Fundació Joan Miró, Barcelona.

nique. In this sense, the plaster casts, a priori a simple intermediate state of the work corresponding to one of the steps of the sculptural process, take on a role of great significance for Miró within the conceptualisation process.

The plaster copy would allow the artist to create some of the finishes of the work, either by polishing it or by marking it with incisions. When these finishes had been added, the plaster piece became the definitive sample of the work, whose bronze copy would be identical to it.

Once the final bronze sculpture had been made, Miró could well have thrown away the intermediate plaster copies, since they might have been deemed mere tools of the work process. However, even before executing them, in his notes Miró manifested his intention of keeping them so as to reuse them. Initially, with the aim of enlarging those sculptures, increasing their size to a monumental scale.

At the same time, his pictorial work also followed that intentionality, where the smallest detail could be expanded to occupy the entire pictorial plane. His approach, from small to large, on the one hand seems to situate us on the most plausible plane of reality, and on the other on the plane of the fantastical and imaginary. Likewise, Le Guerrier (The Warrior, 1970), a martial figure formed by the assemblage of various objects such as a pottery dish and pieces of wood cast in bronze, is crowned by a small snail. Equally, Miró used a snail to recreate the head of the monumental Femme (Woman, 1970), increasing its scale to an almost monstrous extent

lijk wat de intenties van de kunstenaar waren. In de aantekeningen bij de voorbereidende schetsen voor zijn sculpturen zijn de instructies te lezen die Miró noteerde voor toekomstig gebruik: 'Fer motllo i guix [Maak mal en gipsafgietsel]';[11] 'guardar guix per si cal agrandir [bewaar gipsafgietsel voor het geval het vergroot moet worden]';[12] 'que tingui la grandiositat de L'Ille de Pâques [het moet de grandeur van Paaseiland krijgen].'[13]

Samen met ambachtslieden maakte hij een gipsen versie van het in klei gemodelleerde werk. Dit diende als basis voor de gieterij om het werk met behulp van de verlorenwasmethode in brons te vervaardigen. De gipsafgietsels, eigenlijk slechts een tussenstadium in het sculpturale proces, kregen voor Miró een belangrijke rol in zijn creatieve proces.

De gipsen kopie stelde de kunstenaar in staat om de sculptuur af te werken door deze te polijsten of er tekens in aan te brengen. Vervolgens was het definitieve gipsmodel gereed en werd er een identieke bronzen kopie van gegoten.

Wanneer het uiteindelijke bronzen beeld eenmaal klaar was, had Miró de tussentijdse gipsmodellen als hulpmiddelen bij het maakproces kunnen weggooien, maar in zijn aantekeningen had de kunstenaar al aangegeven dat hij ze wilde bewaren om ze opnieuw te gebruiken, in eerste instantie met de bedoeling de sculpturen te vergroten en monumentaal te maken.

Ook in zijn schilderijen maakte hij daar gebruik van. Het kleinste detail kon hij uitvergroten totdat het hele beeldvlak was gevuld. Deze aanpak, werkend van klein naar groot, verwijst zowel naar de werkelijkheid als naar het fantastische en imaginaire. Zo werd *Le Guerrier* (De strijder, 1970) – een krijgs-

in keeping with what he himself would confirm: 'it is in sculpture that I will create a truly phantasmagoric world of living monsters [...].'[14]

In parallel, the previously produced plaster copies would also serve to create new sculptures, being reused in their original size as part of other new characters created by assemblage. This is the case of Tête *(Head, 1950), the plaster copy of which was photographed by Joaquim Gomis on one of the terraces of his farmhouse in Mont-roig, called Mas Miró, with the landscape in the background, almost as if it wanted to fly over it.*

In the 1940s, the entrepreneur and photographer Joaquim Gomis, together with Joan Prats, the great promoter of contemporary art in Barcelona, both of whom were friends of the artist, set out to create an art archive centred on Joan Miró's work. This initiative resulted in the 'Mas Miró' series of photographs from which Gomis-Prats created a robust visual story that perfectly captured the creative atmosphere of Miró and that, in 1959, would culminate in the publication of Atmosfera Miró. *The narrative of Miró's work proposed by Gomis-Prats made the artist himself very excited. Indeed, referring to the 'Más Miró' photograph collection, he said: 'This is so important to explain many things about my work.'*[15]

In this sense, the photograph of the plaster piece is not accidental. Rather, like the rest of his snapshots of the artist's work, Gomis highlighted what, to Miró, was of special significance.

Proof of that is confirmed by Jeune fille rêvant de l'évasion *(Young Girl*

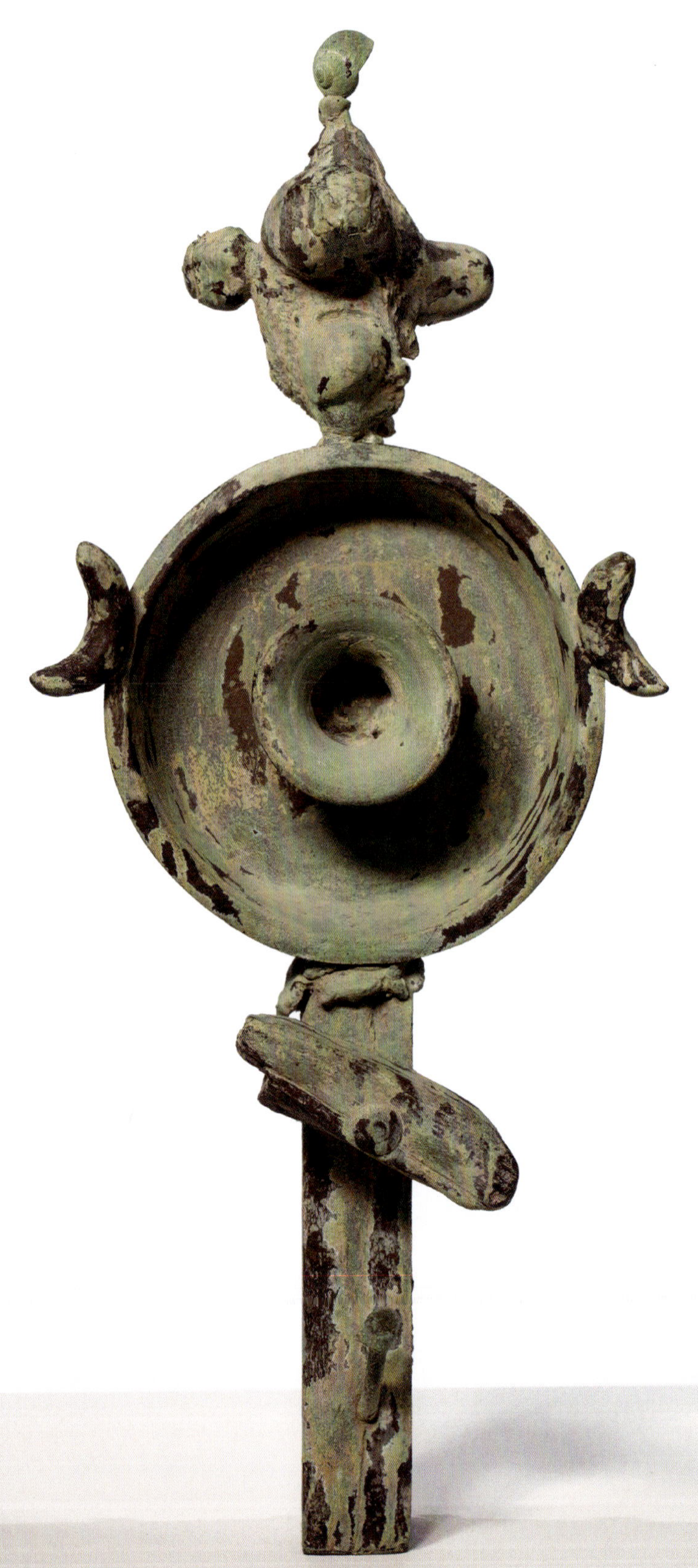

Le Guerrier / The warrior, 1970, brons/*bronze*, 78 x 32,7 x 15,9 cm.

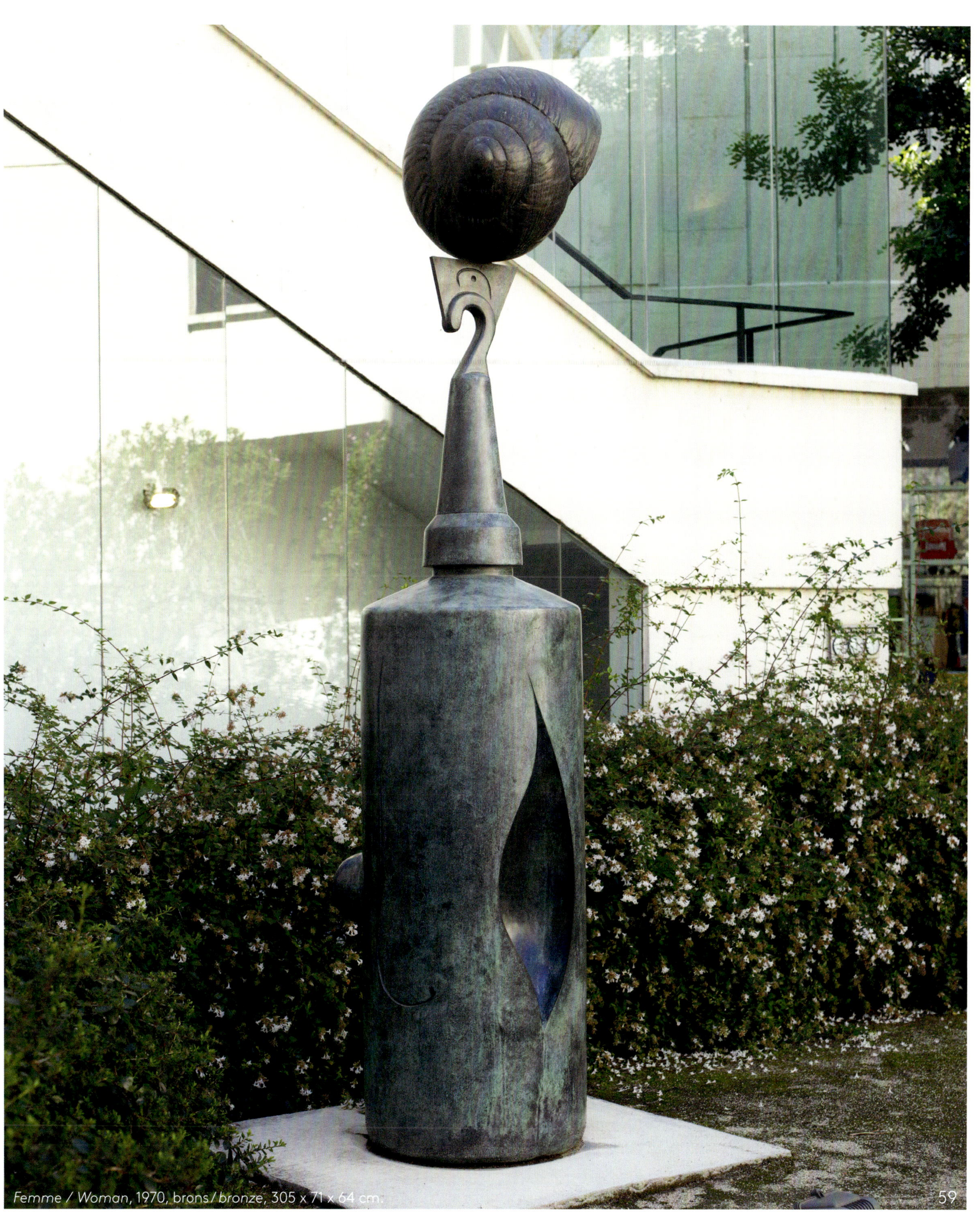

Femme / Woman, 1970, brons/ bronze, 305 x 71 x 64 cm.

haftige figuur die is samengesteld uit voorwerpen als een aardewerk schaal en in brons afgegoten stukken hout – door hem bekroond met een kleine slak. Hij gebruikte echter ook een slak voor het hoofd van zijn monumentale *Femme* (Vrouw, 1970), waarvan hij de omvang bijna tot in het monsterachtige vergrootte. Dit strookte met wat hij zelf verklaarde: 'in mijn sculpturen zal ik een waarlijk fantasmagorische wereld van levende monsters creëren [...].'[14]

Daarnaast dienden de eerder vervaardigde gipsmodellen om nieuwe sculpturen te maken. Ze werden in hun oorspronkelijke formaat hergebruikt als onderdeel van nieuwe figuren, die door middel van assemblage werden gecreëerd. Dit is het geval bij *Tête* (Hoofd, 1950), waarvan het gipsmodel door Joaquim Gomis is gefotografeerd op een van de terrassen van Mas Miró, de boerderij van de kunstenaar in Mont-roig. Het beeld kijkt uit over het landschap op de achtergrond, haast alsof het er overheen wil vliegen.

Joaquim Gomis, ondernemer en fotograaf, en Joan Prats, de grote promotor van hedendaagse kunst in Barcelona, namen in de jaren veertig het initiatief om een kunstarchief op te zetten waarin het werk van hun vriend Joan Miró centraal stond. Dit leidde tot de fotoserie *Mas Miró*, waarmee Gomis en Prats de creatieve sfeer van Miró perfect weergaf en die in 1959 uitmondde in de publicatie *Atmosfera Miró*. Het verhaal over Miró's werk dat Gomis en Prats presenteerden, maakte de kunstenaar erg enthousiast. Verwijzend naar de fotocollectie *Más Miró* zei hij: 'Dit is zo belangrijk om veel dingen rond mijn werk toe te lichten.'[15]

In die zin is de foto van het gipsmodel dus niet toevallig. Net als in de talloze andere 'kiekjes' van Miró's werk, bena-

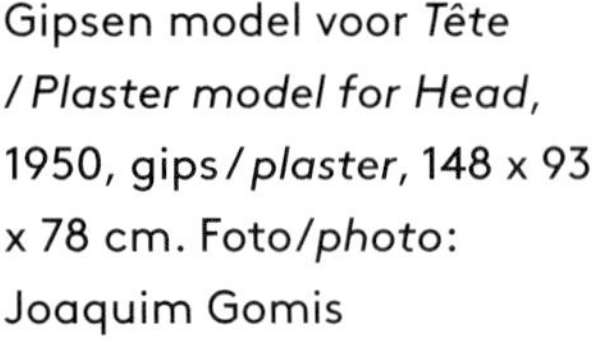

Gipsen model voor *Tête* / *Plaster model for Head*, 1950, gips/*plaster*, 148 x 93 x 78 cm. Foto/*photo*: Joaquim Gomis

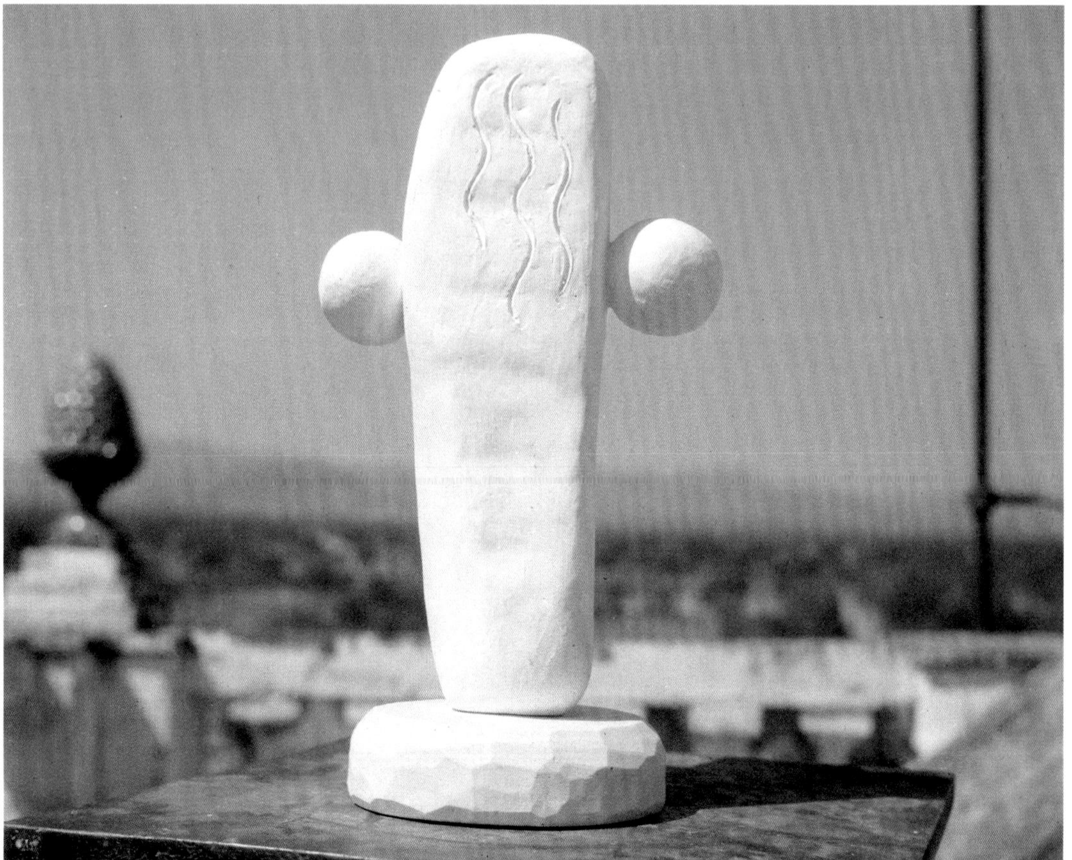

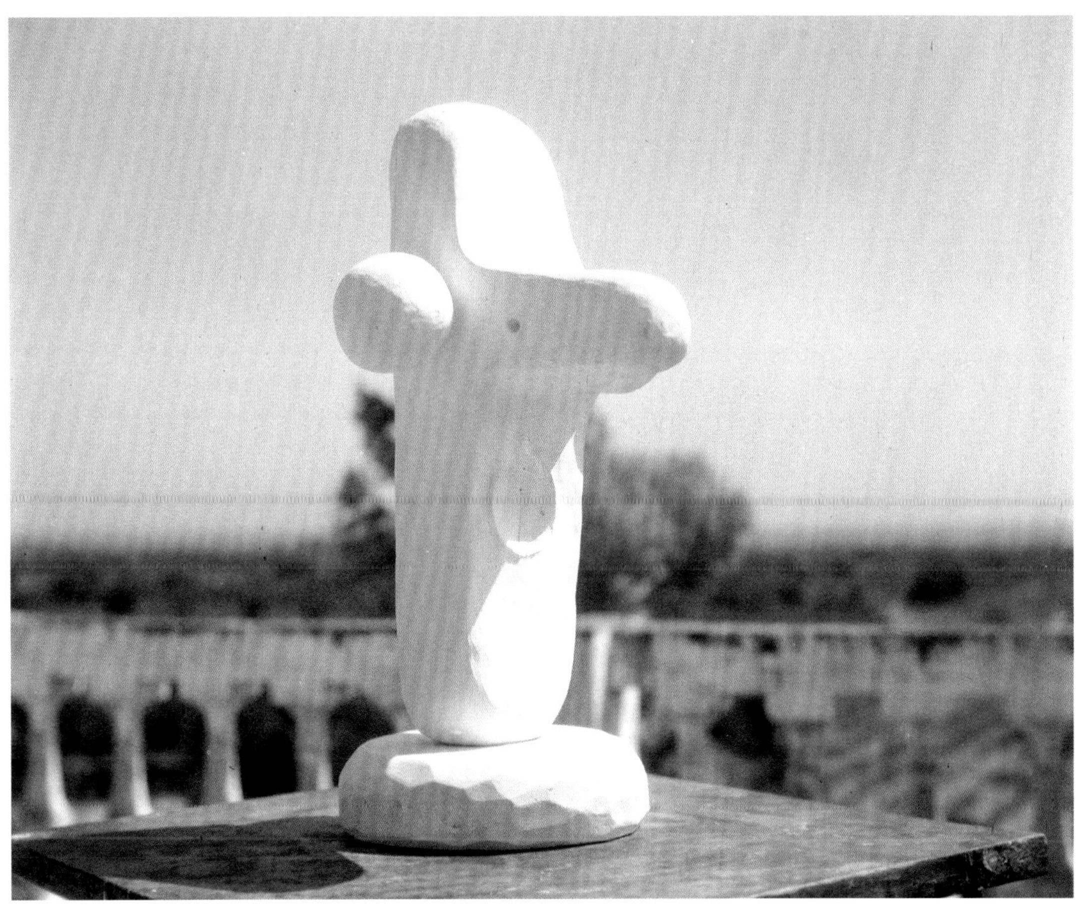

Model voor/*for Tête (Head)*, 1950, Mas Miró, Mont-roig del Camp, Tarragona. Foto/*photo*: Joaquim Gomis

Dreaming of Escape, 1969), for which – 19 years later – he reused the plaster cast that gave life to the first Tête (Head). This time, the 1950s' 'head' is the lower part of an evocative woman's body. Her torso is made up of a clay-vase fragment attached to the handle of an elongated wooden ladle that acts as a spine, with a face modelled from clay in the concave part. Apart from the face, all the elements that make up the body of this new sculpture are based on real, everyday-life objects. With the help of craftsmen, they were cast in bronze and assembled in accordance with a planned order of composition dictated by Miró. Unlike his painting, for which he made countless preparatory drawings before carrying out his compositions, his sculpture was directly dictated by matter and object.

Prior to the casting of each of the objects forming part of the sculpture, Miró would set them out on the ground and compose his new characters on the flat. Like a three-dimensional collage, and with a special sense of humour, the objects took on a new meaning. These became the heads, torsos or extremities of Miró's characters and, once cast in bronze and assembled – and sometimes even painted – they were transformed into the phantasmagorical bodies that, in the artist's own words, would lead us into a 'new world'.

Somehow, Miró was creating a mythology of his own. His sculptures represent characters born of natural elements and of humble objects hand-crafted by people, therefore embodying the human presence that he was so interested in highlighting with his art.

drukte Gomis wat voor de kunstenaar van bijzondere betekenis was.

Daarvan getuigt ook *Jeune fille rêvant de l'évasion* (Jong meisje dat ervan droomt te ontsnappen, 1969), waarvoor Miró – 19 jaar later – opnieuw het gipsafgietsel gebruikte dat aan de basis stond van zijn eerste *Tête* (Hoofd). In dit werk is het 'hoofd' uit 1950 het onderste deel van een expressief vrouwenlichaam geworden. Haar torso bestaat uit een fragment van een aardewerk vaas dat is vastgemaakt aan het handvat van een lange houten pollepel die als ruggengraat fungeert. Haar gezicht is in het holle deel van de pollepel in klei gemodelleerd. Afgezien van het gezicht, zijn alle elementen waaruit het lichaam van deze nieuwe sculptuur is opgebouwd, gebaseerd op alledaagse voorwerpen. Met de hulp van ambachtslieden zijn ze in brons afgegoten en samengevoegd tot de compositie die Miró

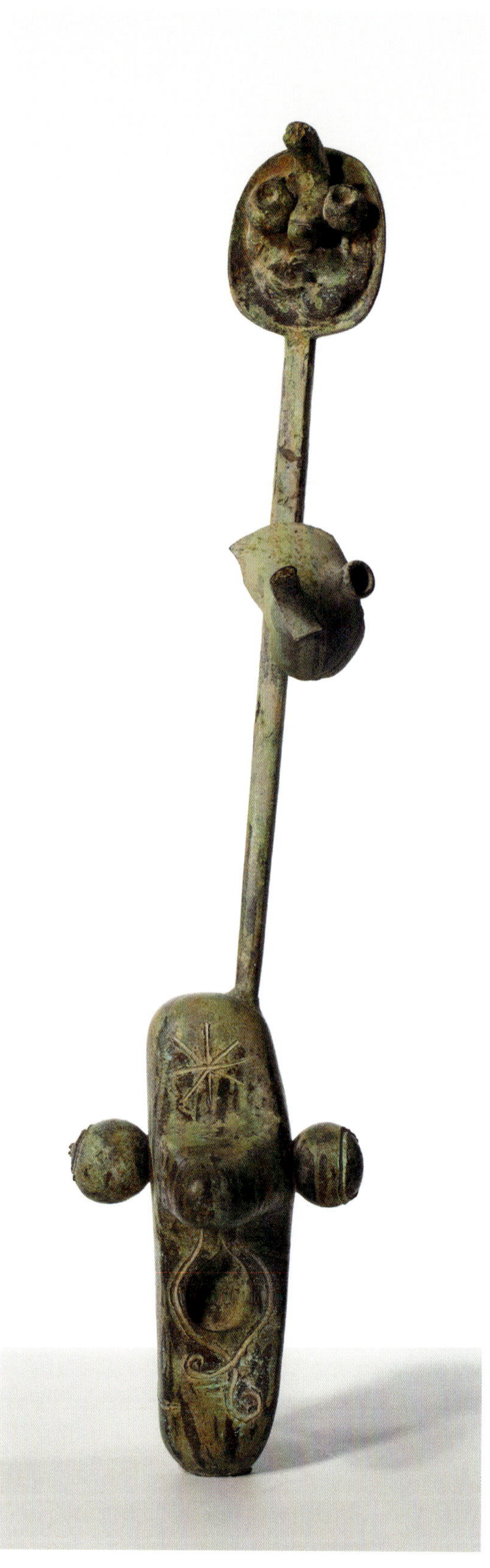

Jeune fille rêvant de l'évasion / Young girl dreaming of escape, 1969, brons / *bronze*, 101 x 22,5 x 23,2 cm.

> *Tête / Head*, 1950, brons / *bronze*, 35 x 22 x 18,5 cm.

This mythology is also represented through works such as Tête de femme (Déesse) (Head of a Woman [Goddess], 1970), whose preparatory plaster model was based on the 1950s' one, this time expanded to a monumental scale. Two decades later, Miró increased the size of the small, 35-cm tall bronze four-fold, turning the new sculpture into an imaginary totem that alludes to the mysterious monolithic Moai sculptures carved in stone representing the living faces of ancestors of the Rapa Nui people on Easter Island.

His interest in primitive representations, full of sacred and even magical connotations, and always outside the academic norms, was echoed in all his artistic production. And, in sculpture, it

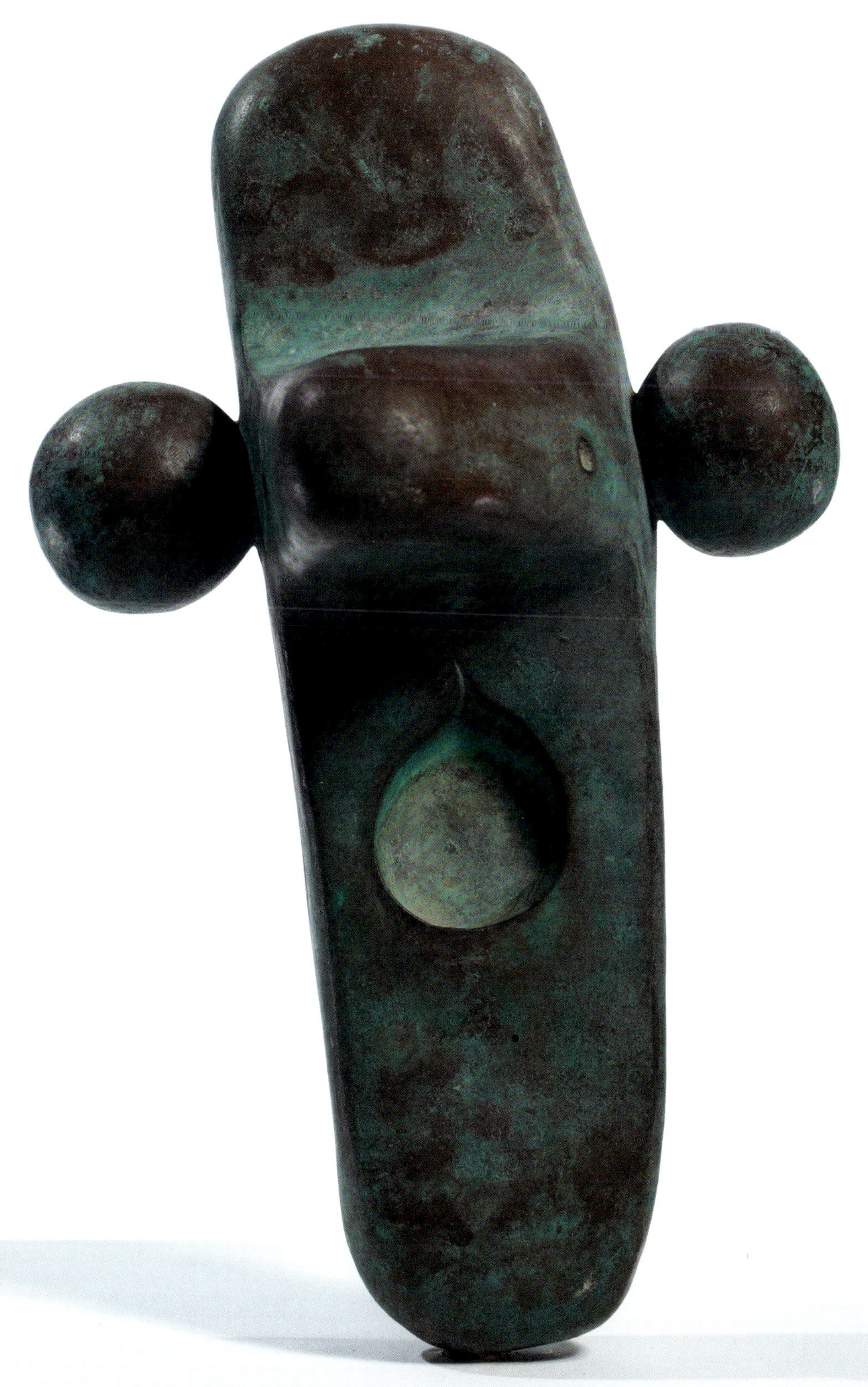

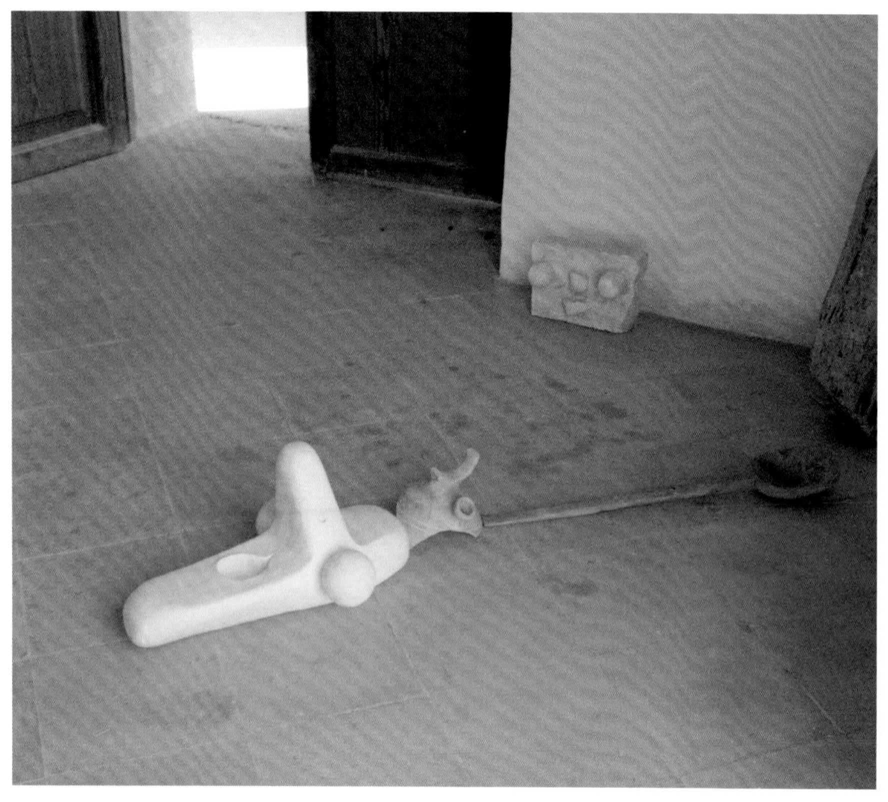

voor ogen had. In tegenstelling tot zijn schilderijen, waarvoor hij talloze voorstudies maakte, werden zijn sculpturen veelal bepaald door materie en object.

Voordat alle onderdelen van een sculptuur werden afgegoten, legde Miró de objecten op de grond en maakte hij composities. Als een driedimensionale collage en met een bijzonder gevoel voor humor kregen de voorwerpen een nieuwe betekenis. Het werden de hoofden, torso's of ledematen van Miró's figuren. Eenmaal in brons gegoten en samengevoegd – en soms zelfs beschilderd – veranderden ze in fantasmagorische lichamen, die ons, in de eigen woorden van de kunstenaar, naar een 'nieuwe wereld' voeren.

In zekere zin creëerde Miró zijn eigen mythologie. Zijn sculpturen stellen figuren voor die zijn ontstaan uit natuurlijke elementen en eenvoudige, door mensenhanden gemaakte objecten. Zo

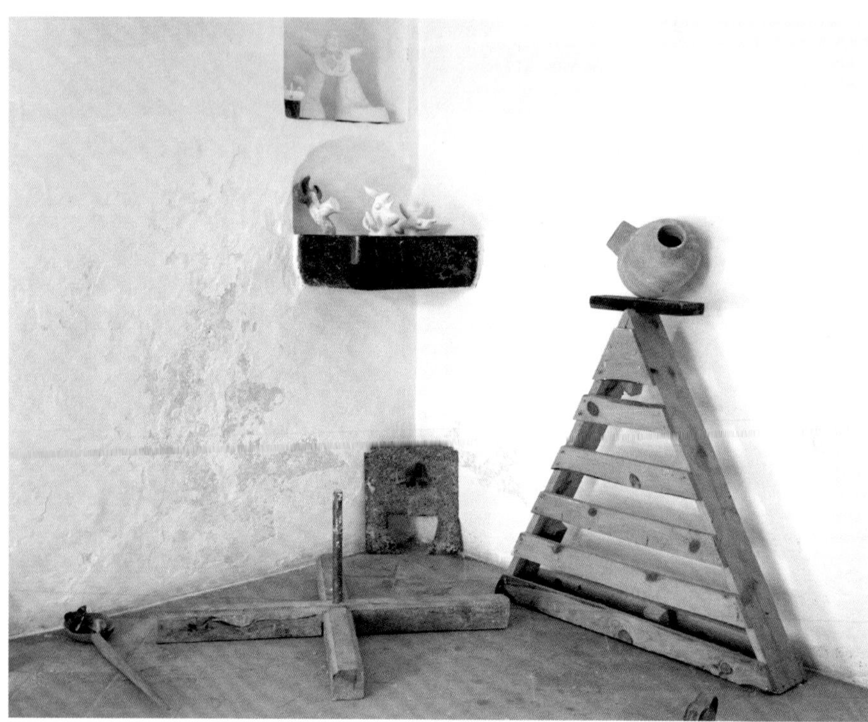

is not only Déesse that evokes that idea of a totem, since others like Femme (Woman, 1970), in which a vase with a female sex organ incised in the material represents the metaphor of the female body, refers to the magical sense of the things that Miró was always interested in: 'when I make a big female sex organ, it is like a goddess, like the birth of humanity.'[16] '[...] what I call Femme is not a female creature, it is a universe.'[17]

In fact, in his preparatory drawing, he noted his desire to keep the plaster model in order to be able to expand it on a larger scale, thinking about that monumentality, of an almost sacred nature, that he probably did not carry out initially due to the high costs involved in producing at large-scale dimensions.

belichamen ze de menselijke aanwezigheid die hij met zijn kunst zo graag wilde onderstrepen.

Deze mythologie komt ook tot uiting in werken als *Tête de femme (Déesse)* (Hoofd van een vrouw [Godin], 1970). Het gipsmodel van dit werk is gebaseerd op het model uit de jaren vijftig, maar dan monumentaal uitvergroot. Twee decennia later verviervoudigde Miró de afmetingen van het kleine, 35 cm hoge bronzen beeld en maakte hij de nieuwe sculptuur tot een imaginaire totem. Daarmee verwees hij naar de mysterieuze, in steen uitgehouwen monolithische Moai-beelden die de gezichten voorstellen van de voorouders van het Rapa Nui-volk op Paaseiland.

Zijn belangstelling voor zogenaamde 'primitieve' uitingen, met sacrale en zelfs magische betekenissen en altijd afwijkend van de 'westerse' academische normen en waarden, klonk door in al zijn kunstwerken. In zijn sculpturen roept niet alleen *Déesse* het beeld op van een totem. Ook andere werken verwijzen naar de magische betekenis van de dingen. Een voorbeeld hiervan is de vaas in *Femme* (Vrouw, 1970) waarin een vrouwelijk geslachtsorgaan is gekerfd dat symbool staat voor het vrouwenlichaam: 'Als ik een groot vrouwelijk geslachtsorgaan maak, is dat als een godin, als de geboorte van de mensheid.'[16] '[...] wat ik *Femme* noem is geen vrouwelijk wezen, het is een universum.'[17]

Op de voorbereidende schets voor *Femme* noteerde hij zijn wens om het gipsmodel te bewaren zodat hij het later op grotere schaal zou kunnen uitvoeren. Het formaat dat hij in gedachten had, kon hij waarschijnlijk vanwege de hoge kosten die het met zich meebracht in eerste instantie niet realiseren.

< In elkaar zetten van originele objecten en gipsen modelen voor *Jeune fille rêvant de l'évasion*, 1969 / *Assembling of original objects and model plaster for Jeune fille rêvant de l'évasion*, 1969, Son Boter studio, Palma de Mallorca, 1961. Foto/ *photo*: Joaquim Gomis

< Joan Miró's atelier in Son Boter, Palma de Mallorca, 1961 / *Joan Miró's studio at Son Boter, Palma de Mallorca*, 1961. Foto/*photo*: Joaquim Gomis

To do this, working alongside craftsmen would be essential to develop all the necessary proofs until arriving at what Miró had in mind for the sculpture. It was not only about increasing the size of his productions or casting any kind of object, whether inert like a shoe or perishable like a fresh cabbage, but also about working on different types of bronze finishes. Despite always using the same material, his sculptures intentionally presented different patinas depending on the foundry with whom they would be made: V. Gimeno, Parellada, R. Scuderi, T. Clementi, Bonvicini or Susse.

Working with different foundries allowed him to experiment with the results and, at the same time, to participate personally in the craft production

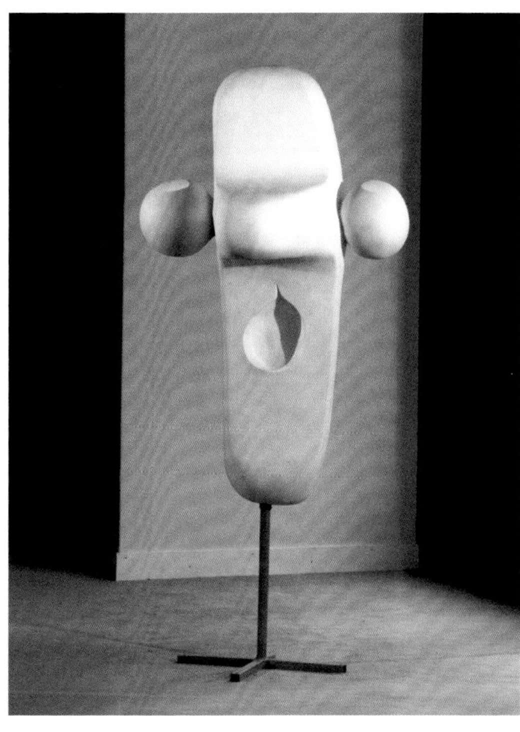

Model voor *Déesse* / *Model for Goddess*, 1970. Foto/ *photo*: Claude Gaspari

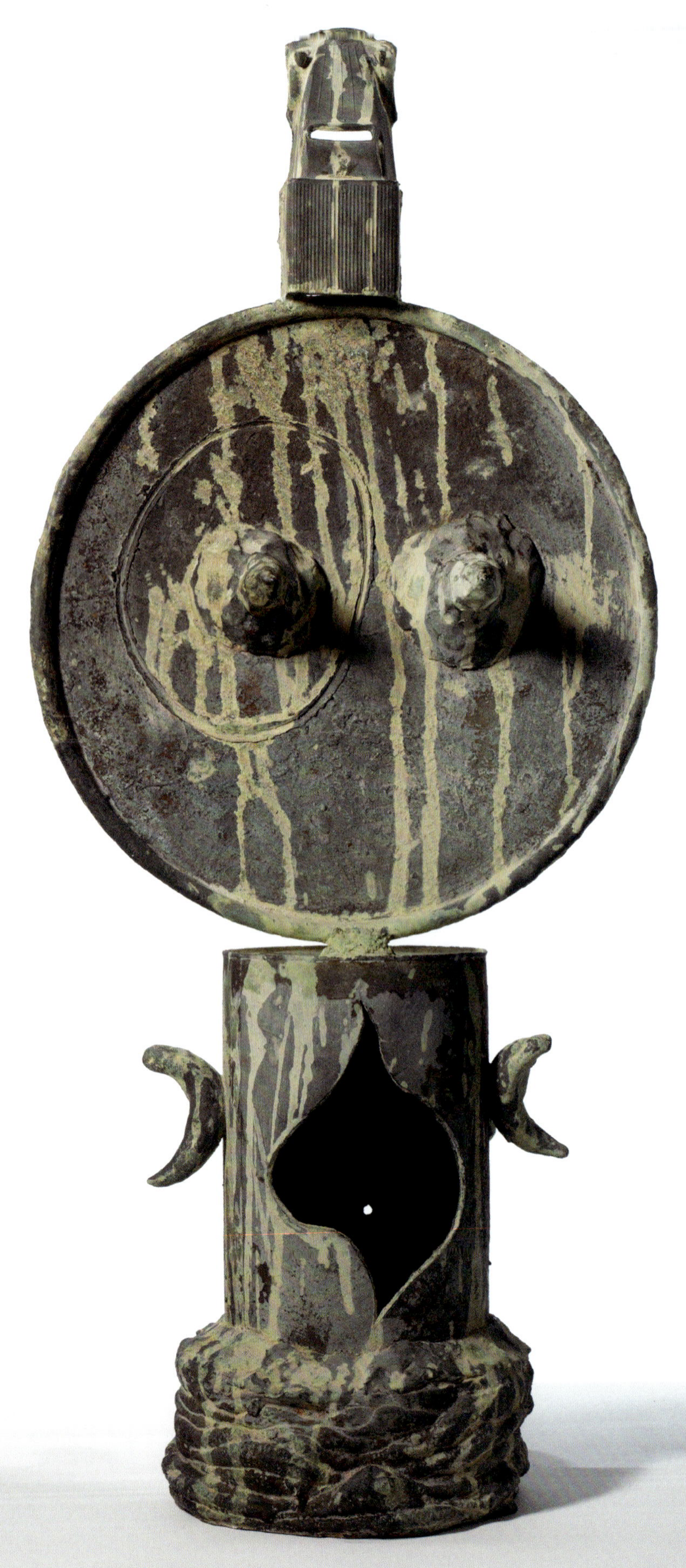

Voor de totstandkoming ervan, was de samenwerking met ambachtslieden van cruciaal belang. Op die manier kon hij alle benodigde proefmodellen ontwikkelen en komen tot wat hij nastreefde met zijn sculpturen. Het was hem daarbij niet alleen te doen om het uitvergroten van zijn werken of het afgieten van om het even welk voorwerp, of het nu ging om een solide voorwerp zoals een schoen of om bederfelijke waar zoals een verse kool, maar ook om de verschillende soorten afwerkingen van het brons. Ondanks dat hij steeds hetzelfde materiaal gebruikte, hadden zijn sculpturen bewust verschillende patina's, afhankelijk van de gieterij waarmee hij samenwerkte: V. Gimeno, Parellada, R. Scuderi, T. Clementi, Bonvicini of Susse.

De samenwerking met deze gieterijen stelde Miró in staat te helpen bij het ambachtelijke vervaardigingsproces, waarbij hij zich altijd wilde opstellen als een lid van het team van ambachtslieden. Door die houding aan te nemen, toonde Miró de bereidheid om zijn auteurschap te beperken ten gunste van het collectief.

Dit zegt ook iets over Miro's perceptie van 'primitieve' kunst, namelijk een collectieve kunst gemaakt door een volk. En dat was ook precies het uitgangspunt van zijn artistieke productie. Of zoals Miró het zelf samenvatte: 'Elk stofdeeltje bevat de ziel van iets geweldigs. Maar om dat te begrijpen, moeten we het religieuze en magische gevoel voor dingen terugvinden dat primitieve volkeren bezitten [...].'[18]

Femme / Woman, 1970, brons / *bronze*, 91 x 39,7 x 25,3 cm.

process, in which Miró always wanted to position himself as another member of the team of craftsmen. By taking that stance, Miró displayed a willingness to dilute his authorship in favour of collective work.

This is also how 'primitive art' is perceived by Miró, at a collective art by a people. And, in that sense, it would precisely be the starting point of his artistic production or, as Miró himself summarised it: 'Each grain of dust contains the soul of something marvellous. But in order to understand it, we have to recover the religious and magical sense of things that belong to primitive peoples [...].'[18]

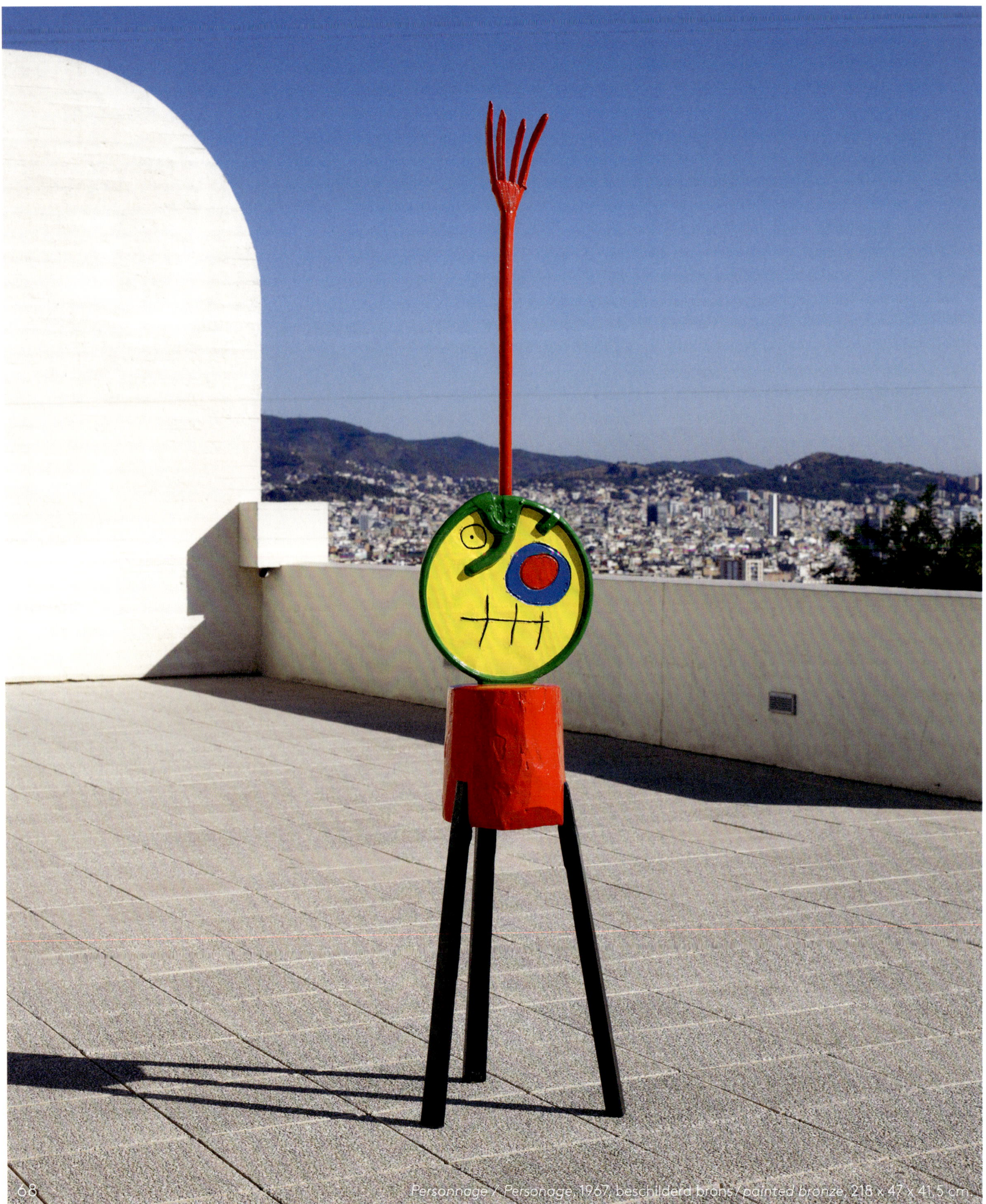

Personnage / Personage, 1967, beschilderd brons / *painted bronze*, 218 x 47 x 41,5 cm.

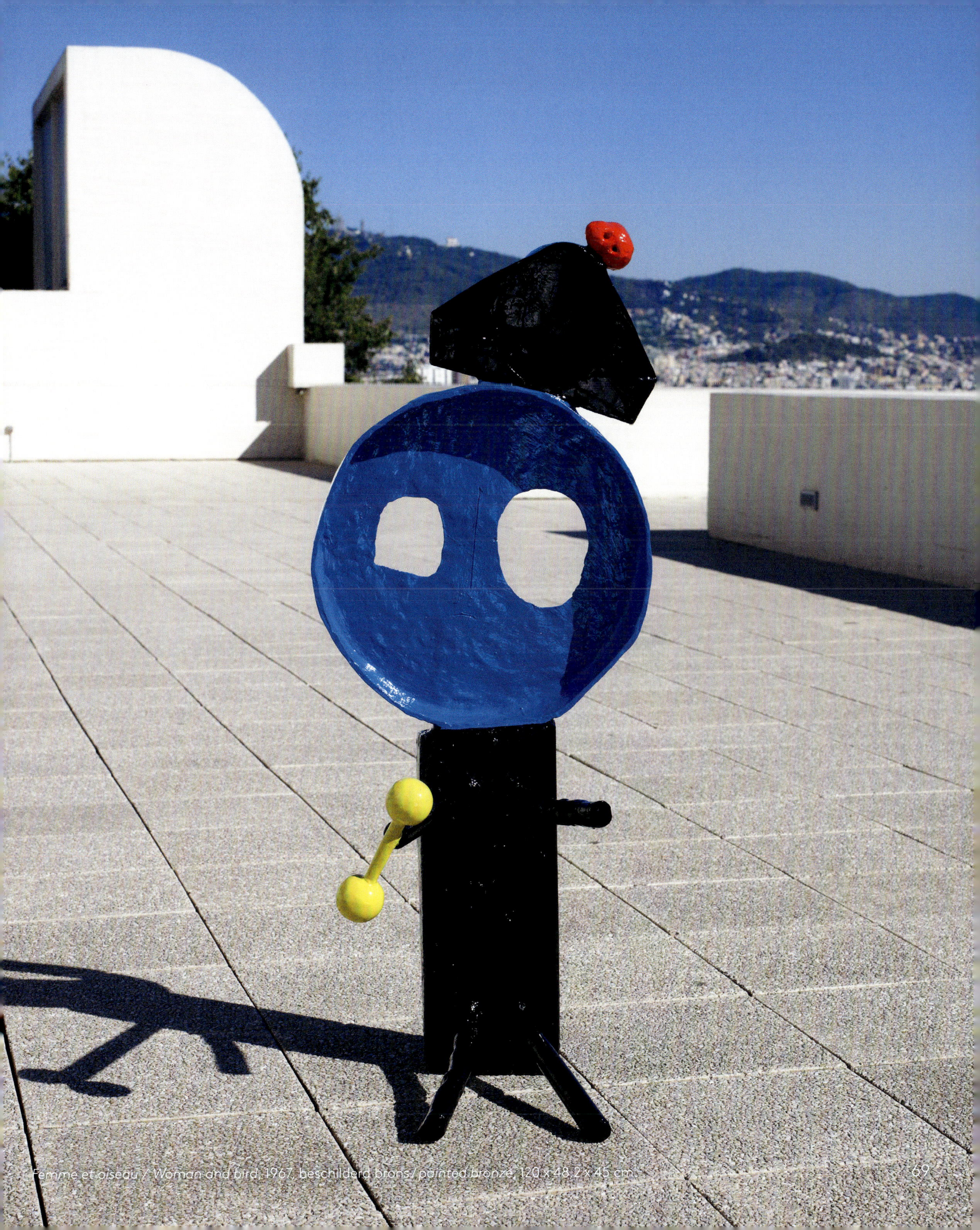

Femme et oiseau / Woman and bird, 1967, beschilderd brons / *painted bronze*, 120 x 48,2 x 45 cm

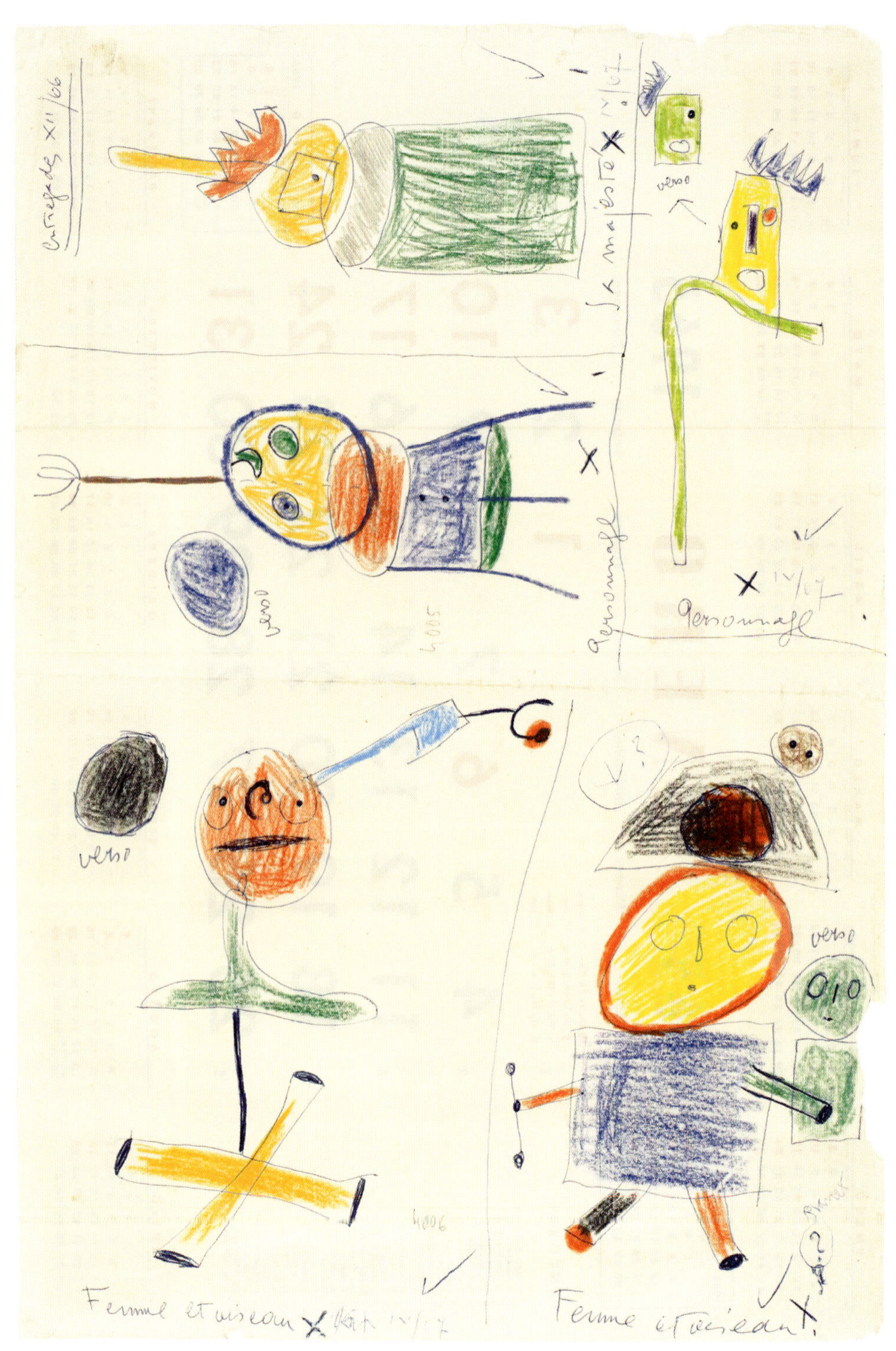

Femme et oiseau, *Personnage*, *Sa majesté*, *Femme et Oiseau*, *Personnage*, balpen, grafietpotlood en gekleurd potlood / *Ballpoint pen, graphite pencil, and colored pencil on paper (calender back)*, 48.8x33.2 cm.

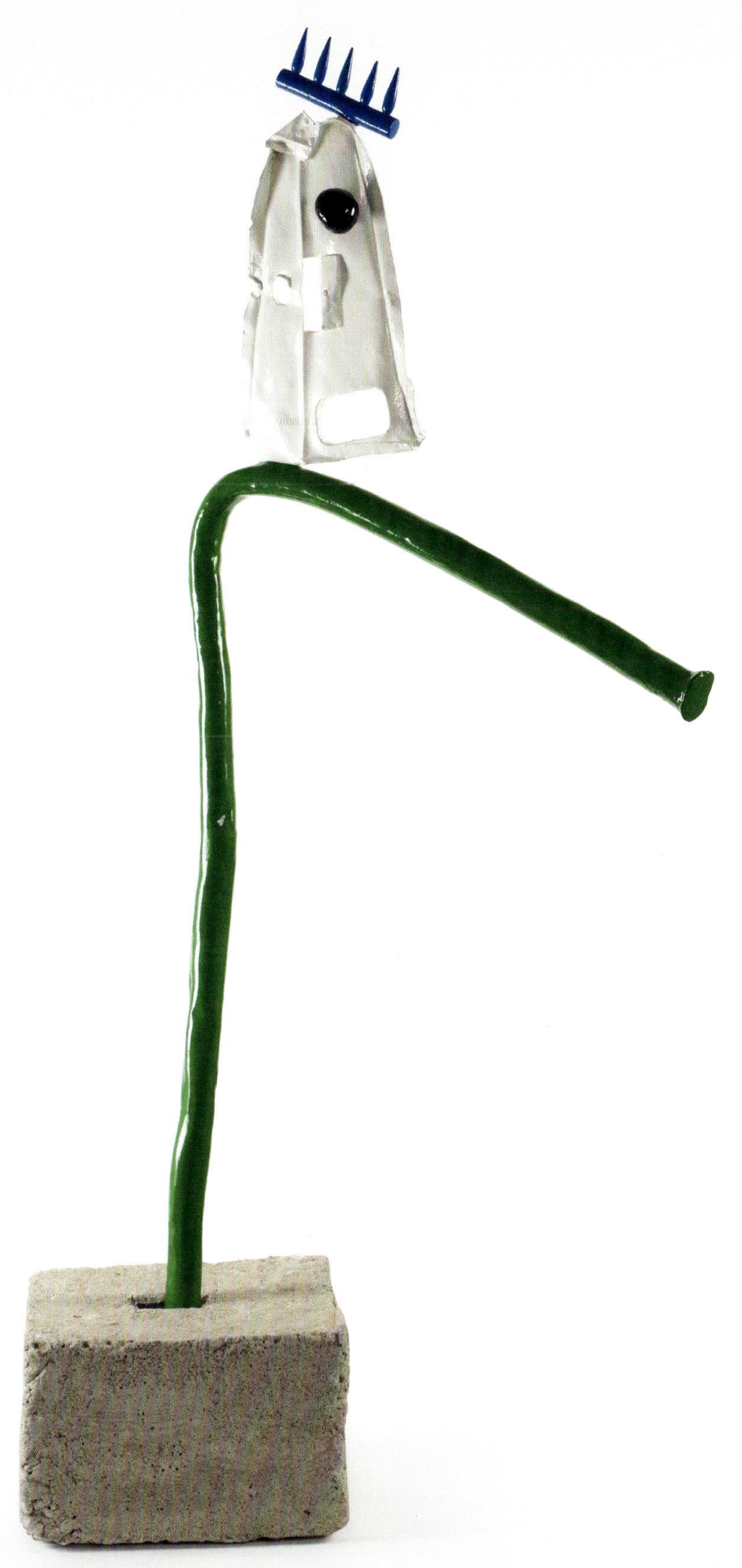

Personnage / Personage, 1967, beschilderd brons / *painted bronze*, 160 x 63,5 x 11 cm.

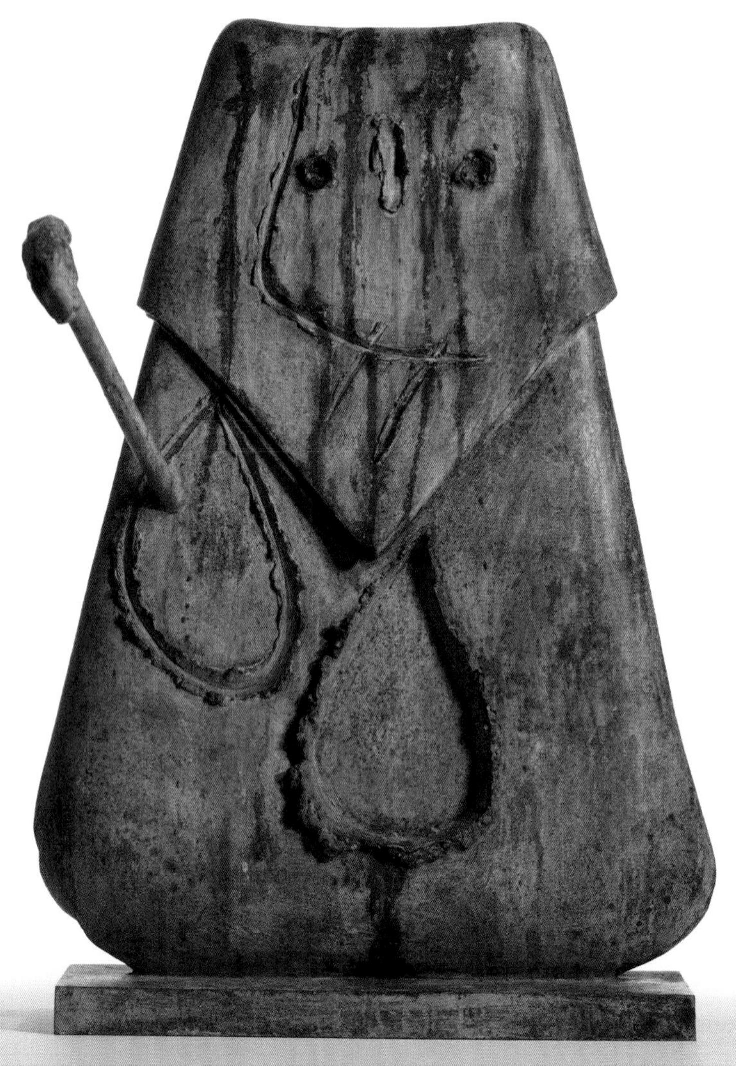

Personnage / Figure, 1981, brons/bronze, 88,5 x 62,5 x 47,5 cm.

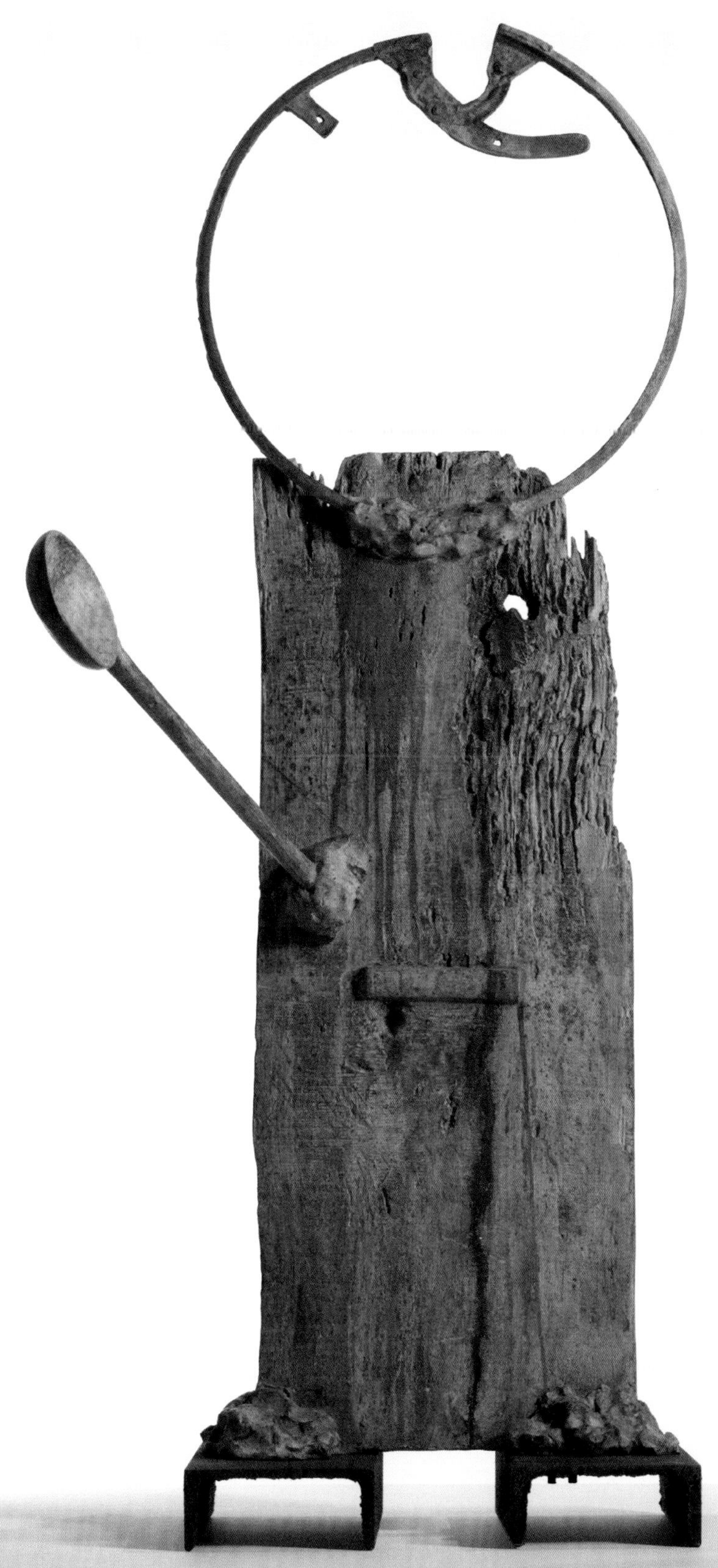

Le Roi-guerrier / The warrior king, 1981, brons / *bronze*, 120 x 57,5 x 57,5 cm.

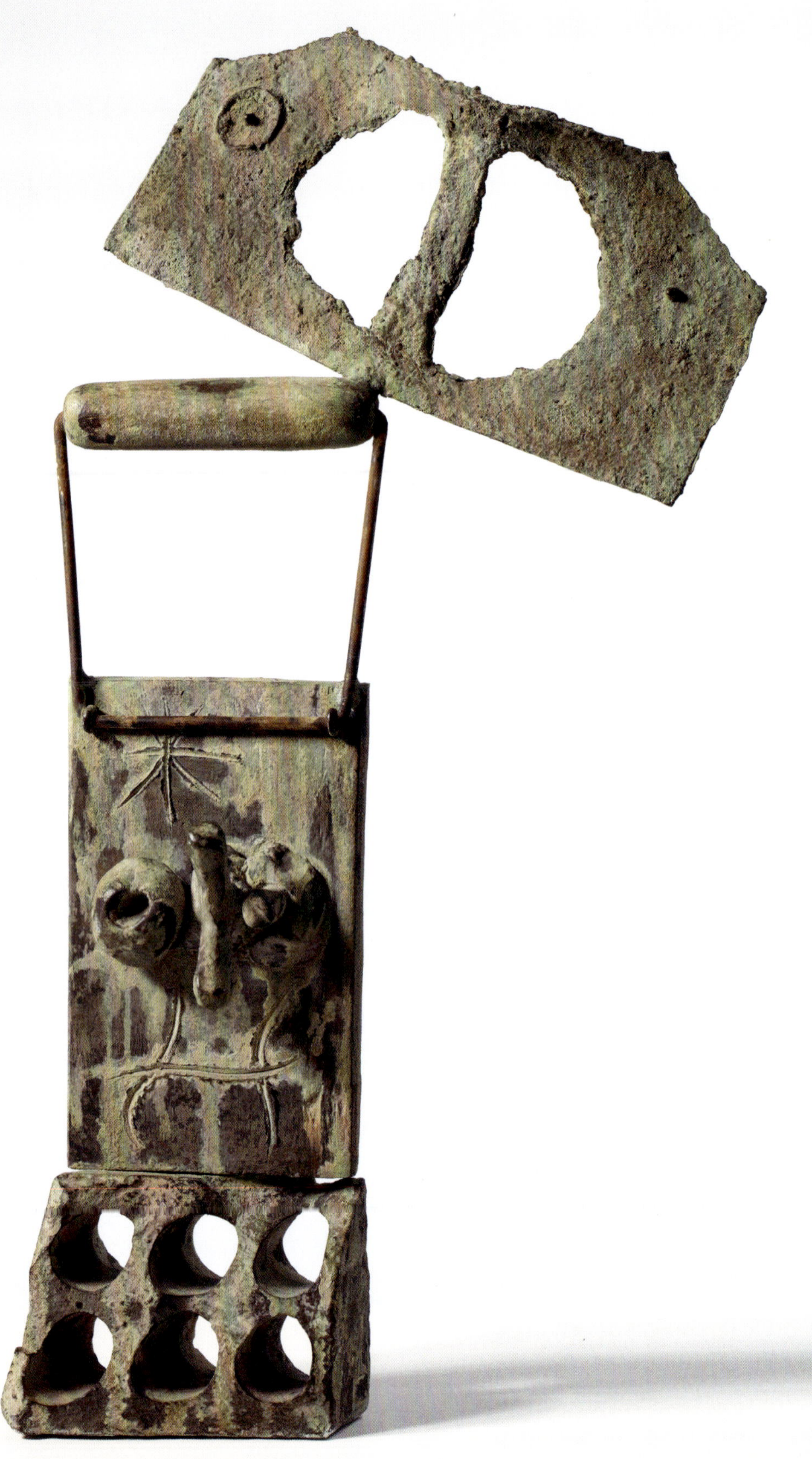

Tête / Head, 1969, brons/*bronze*, 55,2 x 30 x 10,5 cm.

Symbolen van een poëtisch universum. De vormentaal van Joan Miró (1893 - 1983)

Door Joost Bergman

Conservator museum Beelden aan Zee

"Voor mij is een vorm nooit iets abstracts. Het is altijd een teken van iets. Het is altijd een man, een vogel of iets anders."[1]

Met deze uitspraak uit 1948, weliswaar gedaan naar aanleiding van zijn schilderijen, maakte Joan Miró duidelijk dat zijn vormentaal, en dat gold ook voor zijn sculpturen later, altijd naar elementen uit de realiteit verwijst. Hij ontwikkelde een lexicon van tekens en symbolen die steeds in diverse verschijningsvormen terugkeren en die de toeschouwer een leidraad boden om door zijn raadselachtige droomwereld te navigeren.

De creatie van een dergelijke, persoonlijke code om de totaliteit van het universum mee te omvatten, kwam tot stand na een lang proces dat Miró uiteindelijk vervolmaakte in zijn veel-

Symbols of a poetic universe. The form language of Joan Miró (1893 - 1983)

By Joost Bergman

Curator museum Beelden aan Zee

"For me a form is never something abstract. It is always a sign of something. It is always a man, a bird, or something else."[1]

With this statement from 1948, it is true made in response to his paintings, Joan Miró made it clear that his form language–which also applied to his sculptures later–always referred to elements from reality. He developed a lexicon of signs and symbols that always recur in various manifestations and that offered the viewer a guideline to navigate through his mysterious dream world.

The creation of such a personal code to encompass the totality of the universe came about after a long process that Miró finally perfected in his celebrated The Constellations Series *from*

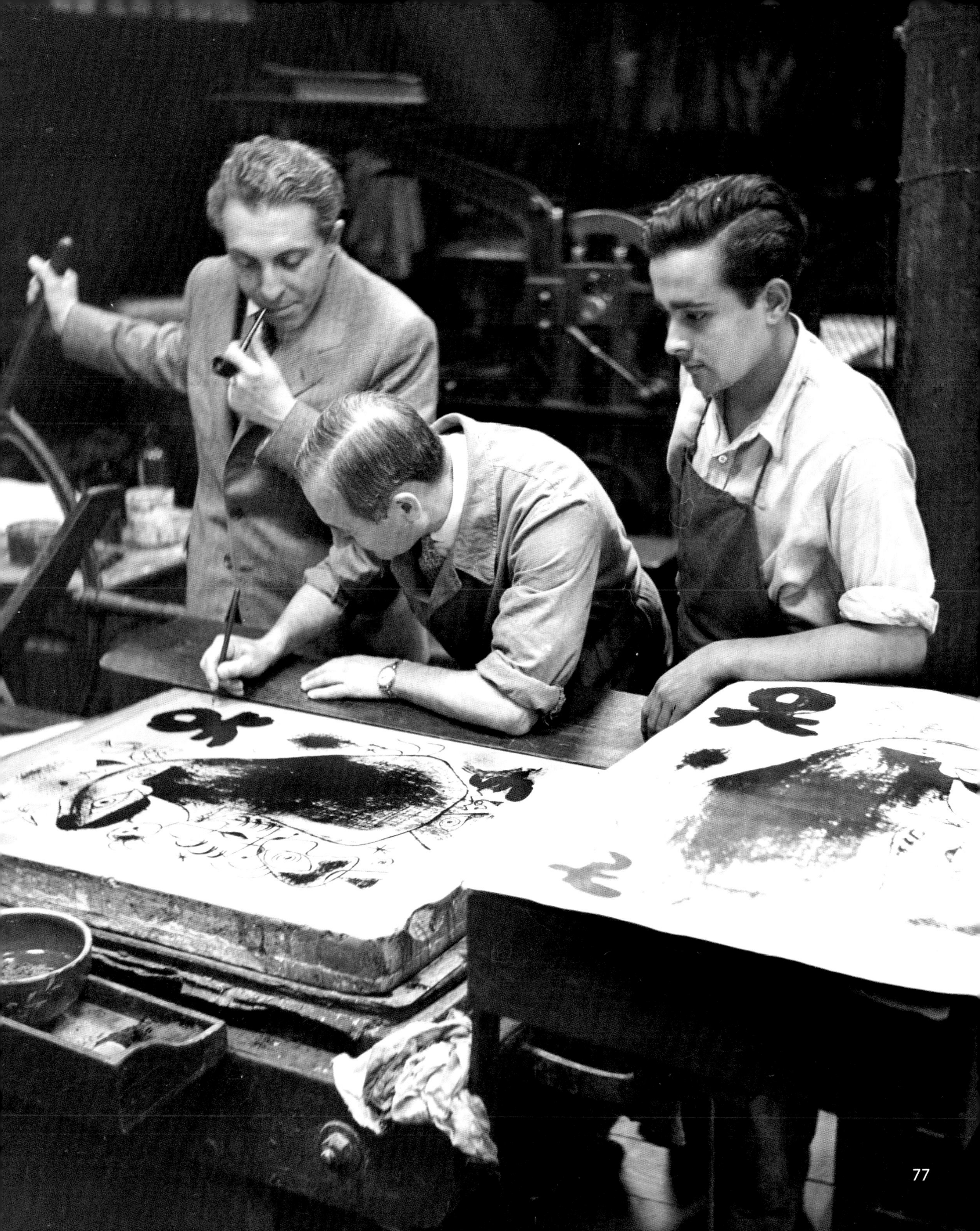

<< Joan Miró, Joan Prats en Jordi controleren de afdrukken van de *Barcelona series*, 1944 / *Joan Miró, Joan Prats and Jordi check the printing of the Barcelona series, 1944*. Foto/*photo*: Joaquim Gomis

geroemde *The Constellations Series* uit 1940 -1941 en de lithografische *Barcelona Serie* uit 1939 - 1944. Deze ontwikkeling in zijn artistieke praktijk, ging hand in hand met een vereenvoudiging van de titels die hij zijn werken meegaf. Op een enkele uitzondering na besloot hij de bloemrijke titels van zijn surrealistische werk te beperken tot meer algemene concepten, zoals *figuur*, *vogel*, *vrouw*, *zon*, *maan*, ster en *ontsnapping*.

Het gebruik van tekens en symbolen, dat zowel dynamiek als ritme aan de composities gaf, was gedurende lange tijd een onderscheidend kenmerk van zijn kunst. In tegenstelling tot wat hij daarover openhartig opmerkte met betrekking tot zijn surrealistische schilderijen, liet Miró zich over het gebruik ervan in zijn sculpturen maar mondjesmaat uit. Mogelijk kwam dit doordat dergelijke symbolen in zijn sculpturen minder pregnant aanwezig zijn dan in zijn door kleuren en symbolen beheerste surrealistische werk uit de jaren twintig en dertig. In die jaren werd het surrealisme als kunststroming sterk beïnvloed door het werk van Sigmund Freud (1856 - 1939) en Carl Jung (1875 - 1961), die beiden aan het begin van de twintigste eeuw belangrijke bijdragen leverden op het gebied van de psychologie. Freuds concept van de 'onbewuste geest' en de interpretatie van dromen legde de basis voor surrealistische kunstenaars om de diepten van de menselijke psyche te verkennen. Jungs idee van het collectieve onbewuste en archetypes inspireerde kunstenaars om werken te creëren die diep symbolisch waren en vaak mythologische verwijzingen bevatten.

Aangezien zijn sculptuurproductie pas op latere leeftijd op gang was gekomen,

1940 - 1941 and the lithographic Barcelona Series *from 1939 - 1944. This development in his artistic practice went hand in hand with a simplification of the titles he gave to his works. With very few exceptions he decided to restrict the flowery titles of his surrealistic work to more general concepts, such as* figure, bird, woman, sun, moon, star *and* escape.

For a long time the use of signs and symbols, which gave dynamism as well as rhythm to his compositions, was a distinguishing characteristic of his art. In contrast to the candid remark he had made about his surrealistic paintings, Miró only spoke briefly about the use of them in his sculptures. This may have been because such symbols are more understated in his sculptures than in his surrealistic work from the nineteen-twenties and thirties, which were dominated by colours and symbols. In those years Surrealism as an art movement was strongly influenced by the work of Sigmund Freud (1856 - 1939) and Carl Jung (1875 - 1961), both of whom made important contributions to psychology at the beginning of the twentieth century. Freud's concept of the 'unconscious mind' and the interpretation of dreams formed the basis for surrealistic artists to plumb the depths of the human psyche. Jung's idea of the collective unconscious and archetypes inspired artists to create works that were deeply symbolic and which often contained mythological references.

toen hij al een gevierd schilder was met diverse grote overzichtstentoonstellingen en met talrijke publicaties over zijn werk, was het publiek inmiddels wel bekend met de betekenis van zijn symbolen. De noodzaak tot expliciete duiding van eigen werk lag daarmee grotendeels achter zich. Maar toch, zo grapte hij op zijn eenentachtigste tegen zijn collega Alexander Calder (1898 - 1976): *"Ik ben een gevestigde schilder, maar een jonge beeldhouwer."*[2] Die jeugdige houding ten opzichte van de beeldhouwkunst is inderdaad terug te zien in Miró's sculpturen, die met hun vrije, experimentele en eigenzinnige uiterlijk, nogmaals een bewijs vormden van zijn artistieke kunnen. De vraag rijst of hij zich in deze beelden nog wel zo bezighield met de diepere psychologische betekenissen van zijn symbolen, of dat hij ze meer als esthetische waarden beschouwde.

Parijs

De Franse hoofdstad speelde een cruciale rol in de artistieke ontwikkeling van Miró. Het is de plek waar in de eerste decennia van de twintigste eeuw de zoektocht naar een vrije verbeelding – niet gehinderd door technische of esthetische beperkingen – echt van de grond kwam. Parijs werd voor de Tweede Wereldoorlog gekenmerkt door een aantal kleine kunstenaarskringen: de vertegenwoordigers van de Dada-beweging, de streng geometrisch abstracte kunstenaars en de surrealisten die hun werken onder andere lieten ontstaan door de zogenaamde 'écriture automatique', een automatisch niet aan regels gebonden handschrift met als doel het vrijelijk uiten van het on(der)bewuste. Miró was daarvan één van de sleutelfiguren. Na een eerste bezoek in 1920 was Miró er een jaar later opnieuw voor

Since his sculpture production had only started later in his life, when he had already become a celebrated painter with several major retrospectives and numerous publications about his work, the public was by then familiar with the meaning of his symbols. The need for explicit interpretation of individual works was therefore largely behind him. But nonetheless, as Miró remarked jokingly to his colleague Alexander Calder (1898 - 1976) when he was eighty-one: "I am an established painter but a young sculptor."[2] *This youthful attitude with regard to sculpture is indeed reflected in Miró's sculptures, which with their free, experimental and idiosyncratic appearance, was once again proof of his artistic ability. The question arises as to whether he was actually still so occupied with the deeper psychological meanings of his symbols in those sculptures, or whether he regarded them more as aesthetic values.*

Paris

The French capital played a crucial role in Miró's artistic development. It was the place where the search for a free imagination – unhindered by technical or aesthetic limitations – really took off in the first decades of the twentieth century. Before the Second World War, Paris was characterized by a number of small artists' circles: the representatives of the Dada movement, the strongly concrete abstract artists and the Surrealists who, among other things, used 'écriture automa

zijn eerste solotentoonstelling in Galerie Licorne. Daar ontmoette hij onder meer André Masson (1896 - 1987), Tristan Tzara (1896 - 1963) en de Franse schrijver en dichter Antonin Artaud (1896 - 1948). Vanaf 1922 woonde en werkte hij aan de Rue Blomet 45, de legendarische ontmoetingsplaats voor surrealisten. De contacten met dichters en schrijvers openden voor de jonge Miró een wereld van poëtische droombeelden en stimuleerden de ontwikkeling van zijn schilderkunst naar een even fantasierijke als persoonlijke stijl. Na zijn verhuizing naar Parijs in 1924 sloot hij zich aan bij de surrealisten. Het binnen de groep gepropageerde automatisme in de uitvoering, dat werd ingezet om de visioenen van de innerlijke geest op het doek zichtbaar te maken, had grote invloed op Miró, die schilderijen begon te maken met een meer poëtische symboliek.

In deze jaren bereikte Miró een allesbeslissende doorbraak in zijn werk. In korte tijd - de overgang van het jaar 1923 naar 1924 - verruilde hij een realistische stijl voor een abstract-figuratieve stijl, zoals gezegd bestaand uit tekens. Miró's vriend en biograaf Jaques Dupin (1927 - 2012) sprak van een overgang van: "(...) object naar teken, van figuratieve ruimte naar imaginaire ruimte, van beschrijvend realisme naar een visionaire, fantastische kunst."[3]

Het schilderij *Carnaval d'Arlequin* (1924 -1925; afb. 81, 82 en 83) dat voortkwam uit door honger opgeroepen hallucinaties, is daarvan een goed voorbeeld. Het biedt als het ware een staalkaart van alle figuratieve vormen, fenomenen en elementen, van dier tot natuur, zon en water, die in de loop der jaren zouden worden gereduceerd tot mysterieuze tekens en die tezamen het magische en spirituele vocabulaire van Miró blijvend zouden bepalen.

tique'– a form of automatic writing not bound by rules – with the aim of freely expressing the subconscious. Miró was one of the key figures. After a first visit in 1920, Miró returned one year later for his first solo exhibition in Galerie Licorne, where, among others, he met André Masson (1896 - 1987), Tristan Tzara (1896 - 1963) and the French writer and poet Antonin Artaud (1896 - 1948). From 1922 he lived and worked at 45, Rue Blomet, the legendary meeting place for Surrealists. The contacts with poets and writers opened up a world of poetic dream images for the young Miró and stimulated the development of his painting into a style that was as imaginative as it was personal. After moving to Paris in 1924 he joined the Surrealists. The automatism in execution propagated within the group, which was used to make the visions from the inner spirit visible on canvas, greatly influenced Miró, who began to create paintings with more poetic symbolism.

During those years Miró achieved a decisive breakthrough in his work. In a short time – between 1923 and 1924 – he exchanged a realistic style for an abstract-figurative style, consisting of signs. Miró's friend and biographer Jaques Dupin (1927 - 2012) spoke of a transition from: "(...) object to sign, from figurative space to imaginary space, from descriptive realism to a visionary, fantastic art."[3]

The painting Carnaval d'Arlequin *(1924 -1925; fig. 81, 82 and 83), which*

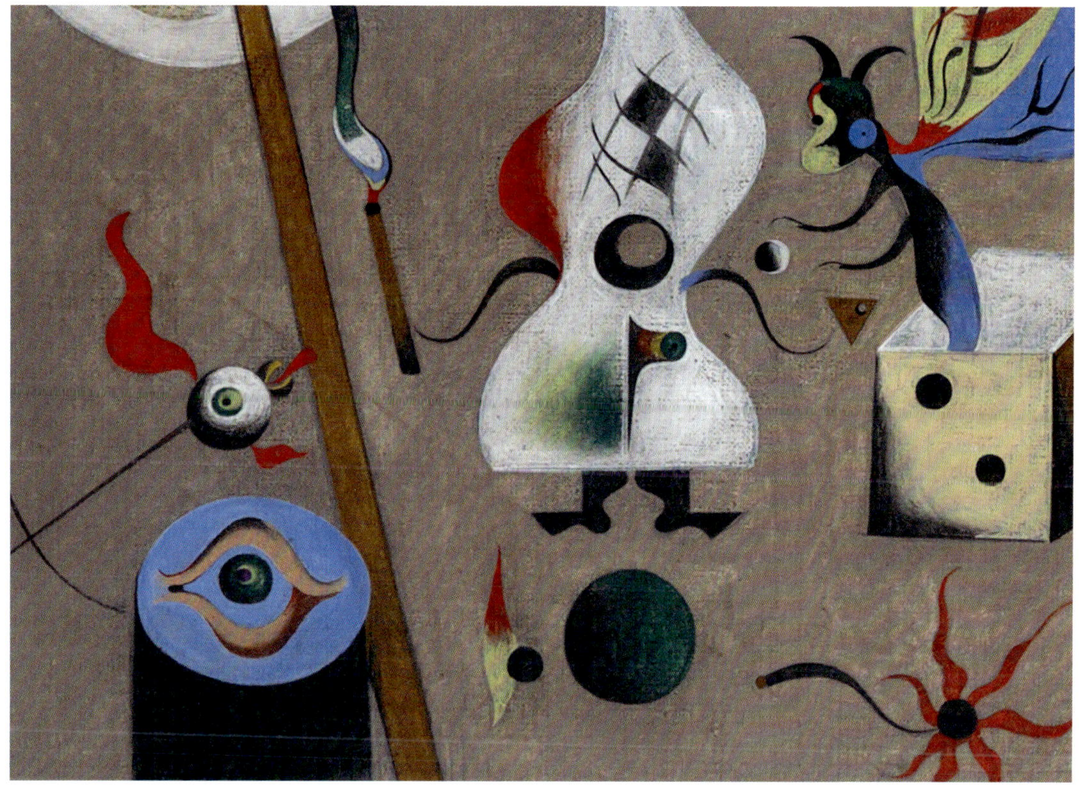

Joan Miró, *Carnaval d'Arlequin / Carnival of Harlequin* (Detail), 1924-1925. Olieverf op doek / *Oil on canvas*, 66 x 90,5 cm.

>> Joan Miró, *Carnaval d'Arlequin / Carnival of Harlequin*, 1924-1925. Olieverf op doek / *Oil on canvas*, 66 x 90,5 cm.

arose from hunger-induced hallucinations, is a good example of this. It offers, as it were, a sample sheet of all figurative shapes, phenomenons and elements, from animal to nature, Sun and water, which over the years would be reduced to mysterious signs and which together would permanently determine Miró's magical and spiritual vocabulary.

In 1933 Miró stated in the Surrealist-oriented magazine Minotaure that: "It is difficult for me to talk about my paintings, because they always arise in a state of hallucination, caused by some kind of shock – objective or subjective – which I'm not entirely responsible for." However, Miró's ubiquitous symbols did arise outside of him, but were the product of a well-considered process, as can be seen in the preliminary sketches he made to develop signs and spatial structures.

Inspired by the poetry of the Surrealist group in the Rue Blomet, Miró began to make paintings with monochrome backgrounds in which symbols were scattered here and there and floated in the foreground. He also started to experiment with collage and assemblage, in order to explore non-traditional solutions while working on canvas.

Catalonia

In spite of the fact that Breton called him 'the most surrealistic of us all', Miró never officially joined the group. He adopted a radical position, it is true

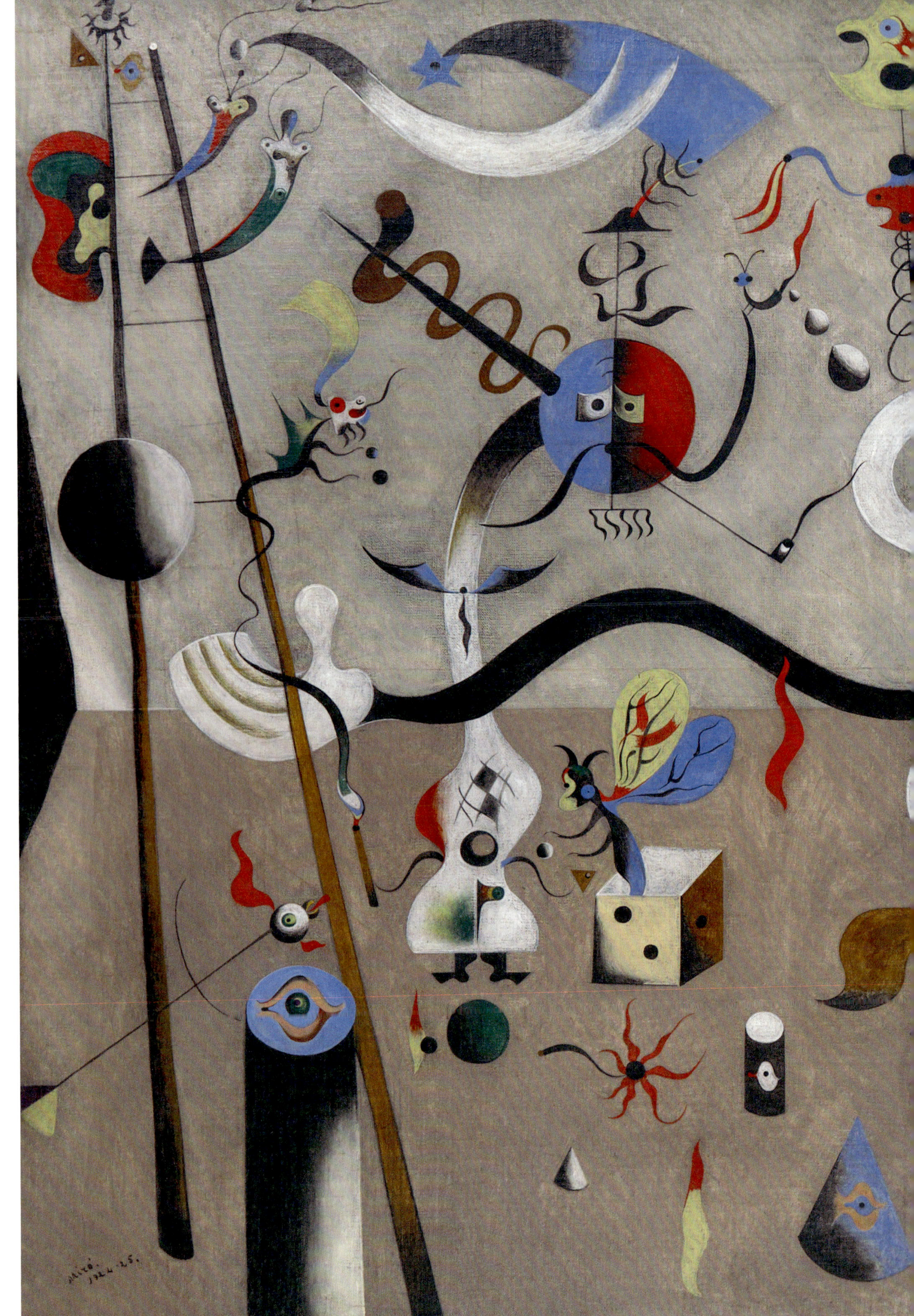

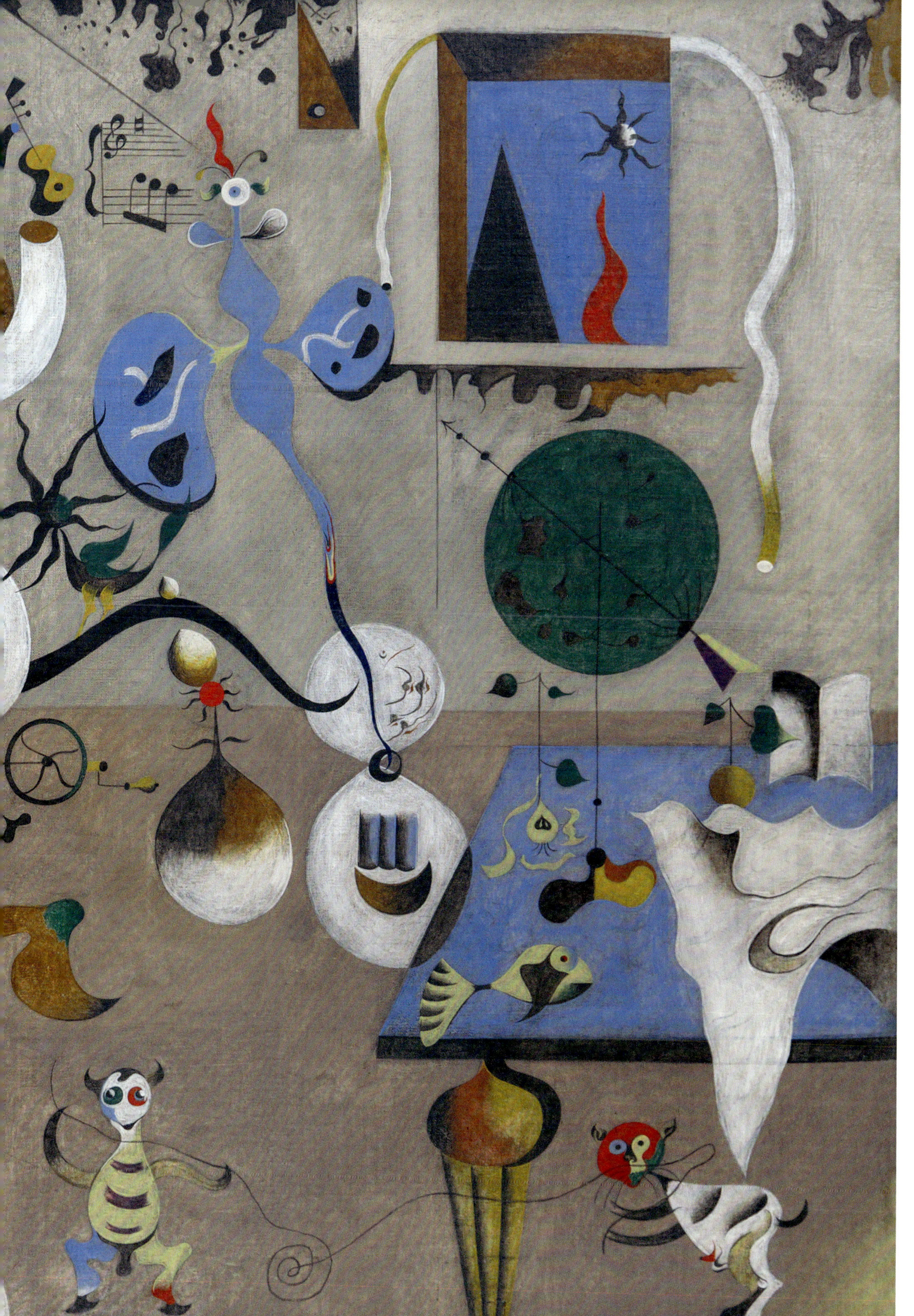

In het surrealistische tijdschrift *Minotaure* in 1933 zei Miró: "Het is moeilijk voor mij om over mijn schilderijen te praten, omdat ze altijd ontstaan in een staat van hallucinatie, veroorzaakt door een of andere schok - objectief of subjectief - waar ik in het geheel niet verantwoordelijk voor ben." Miró's alomtegenwoordige symbolen ontstonden echter niet buiten hem om, maar waren het product van een welbewust proces, zoals blijkt uit de voorbereidende schetsen die hij maakte om tekens en ruimtelijke structuren te ontwikkelen.

Geïnspireerd door de poëzie van de surrealistische groep in de Rue Blomet, begon Miró schilderijen te maken met monochrome achtergronden waarin symbolen her en der verspreid en zwevend op de voorgrond traden. Ook begon hij te experimenteren met collage en assemblage, om tijdens het werken op doek niet-traditionele oplossingen te verkennen.

Catalonië

Ondanks het feit dat Breton hem 'de meest surrealistische van ons allemaal' noemde, heeft Miró zich nooit officieel aangesloten bij die groep. Hij nam een radicale positie in, weliswaar gericht op het 'magische' maar die tegelijk diep wortelde in zijn directe omgeving: de Catalaanse natuur en cultuur. Hij putte daarvoor uit diverse bronnen zoals prehistorische grotschilderingen, Catalaanse volkskunst en populaire cultuur. De waarde die Miró hechtte aan zijn Catalaanse identiteit was groot. Hij beschouwde het als een plicht om de oude bronnen van zijn specifieke cultuur te verbinden met de moderne. Daarvoor moesten desnoods de grenzen van de schilderkunst worden verlegd. Alleen met een verregaande

Joan Miró rondom/around Son Abrines, Mallorca, c. 1962. Foto/*photo*: Francesc Català-Roca

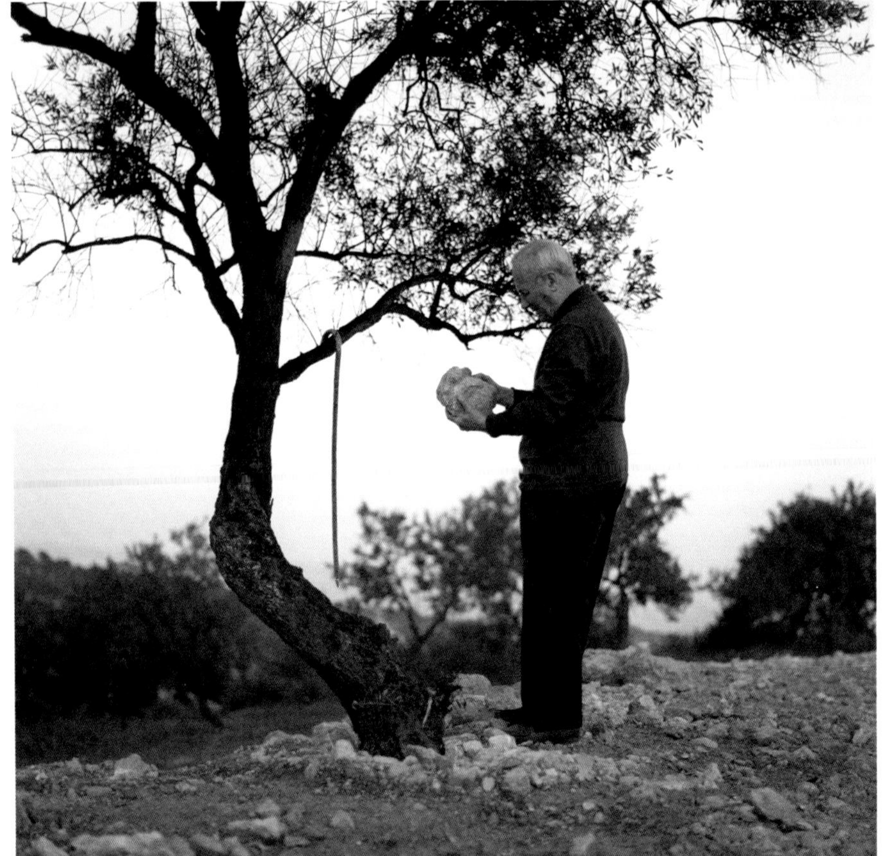

focused on the 'magical', but which at the same time was deeply rooted in his immediate surroundings: the Catalan countryside and culture. He drew his inspiration from various sources, such as prehistoric cave paintings, Catalan folk art and popular culture. The value that Miró attached to his Catalan identity was great. He considered it a duty to combine the ancient sources of his specific culture with the modern. If need be, the boundaries of painting had to be pushed back. It was only with a far-reaching transformation that an endless and poetic universe opened up for Miró, one that he continued to explore until his death.

In his work this was clearly expressed in a series of subjects like woman, figure, bird, insect, snake, sun, moon,

transformatie opende zich voor Miró een eindeloos en poëtisch universum, een die hij tot aan zijn dood is blijven verkennen.

In zijn werk kwam dit concreet tot uiting in een reeks onderwerpen zoals vrouw, figuur, vogel, insect, slang, zon, maan, nacht, planeten, elk met hun specifieke herkenningstekens, die naar een boven- of onderwereld verwezen. Maar daarnaast zien we ook zijn bekende 'vluchtladder', door Miró symbolisch ingezet om in zijn fantasie te kunnen ontvluchten aan oorlogsgeweld of de druk van andere wereldse zaken.

Ondanks het veelvuldig gebruik van dergelijke 'symbolen' was het voor Miró geen vaststaand, rigide systeem om mee te werken. Later zei hij daarover: ''Vormen baren andere vormen, die steeds weer veranderen in iets anders. Ze worden elkaar en creëren op deze manier de realiteit van een universum van tekens en symbolen waarin figuren van het ene rijk naar het andere gaan, hun voeten de wortels raken, zelf wortels worden terwijl ze verdwijnen in het golvende haar van de sterrenbeelden''.[4]

Van twee naar drie dimensies

Het werken vanuit het materiaal beschouwde Miró als de manier bij uitstek om tot een zo origineel mogelijke vorm van expressie te komen. Het is daarom ook niet verwonderlijk dat Miró op latere leeftijd verschillende andere disciplines ging verkennen. Vanaf de jaren veertig stortte hij zich, in samenwerking met zijn oude vriend Josep Llorens Artigas (1892- 1980), vol overgave op het maken van vazen en schalen die hij uitbundig beschilderde met allerlei vormen en symbolen. Hij voegde zich daarmee bij een grote groep collega's zoals Pab-

night, planets, each with their specific identifying signs, which referred to an upper or lower world. But we also see his well-known 'escape ladder', used symbolically by Miró to flee in his imagination from the violence of war or the pressure of other worldly things.

Despite the frequent use of such 'symbols', for Miró it was not an established, rigid system to work with. He later remarked about it: ''Forms give birth to other forms, constantly changing into something else. They become each other and, in this way create the reality of a universe of signs and symbols in which figures pass from one realm to another, their feet touching the roots, becoming roots themselves as they disappear into the flowing hair of the constellations''.[4]

From two to three dimensions

Miró considered working from material as the ideal way to achieve the most original form of expression possible. This is why it is also not surprising that in later life Miró began to explore other disciplines. From the nineteen-forties onwards, in collaboration with his old friend Josep Llorens Artigas (1892 - 1980), he totally devoted himself to making ceramics, vases and bowls, which he lavishly painted with all kinds of shapes and symbols. In doing so he joined a large group of fellow artists, like Pablo Picasso (1881 - 1973), Marc Chagall (1887 - 1985) and Asger Jorn (1914 - 1973), who likewise had become seriously occupied with everyday objects, ceramics and the making of sculptures. It was during that period

lo Picasso (1881 - 1973), Marc Chagall (1887 - 1985) en Asger Jorn (1914 - 1973) die zich eveneens serieus gingen bezig- houden met alledaagse voorwerpen, keramiek en het maken van sculpturen. In die periode ontstond Miro's fascinatie voor beeldhouwen. Hij had al enkele vroege pogingen in de jaren twintig en dertig ondernomen. Met *Objet poëtique* (1936), waarin hij onder andere een opgezette papegaai, een herenhoed en een schelp verwerkte, gaf hij een voorzet voor zijn latere werk. Met name vanaf eind jaren zestig leverde dat een bijzonder productieve periode op waarin maar liefst zo'n 400 sculpturen ontstonden. De meester stelde ze grotendeels samen uit weggegooide of achtergelaten voorwerpen die hij tijdens wandelingen op het strand en rond zijn huis in Montroig verzamelde. Miró's 'gestapelde' sculpturen zoals *Personnage* (1969) en *Personnage et Oiseau* (1966) vormen als het ware een soort driedimensionale versie van het beroemde, graag door surrealisten gespeelde spel 'exquisite corpse' of 'cadavre exquis', een methode waarmee een verzameling woorden of afbeeldingen collectief wordt samengesteld. Op dezelfde wijze kunnen objecten zich in de geest van de kunstenaar verenigen tot een vrouw, een figuur, een vogel, een kop of een nieuwe kosmos. De som der delen levert volgens Miró's op zeer persoonlijke associaties gebaseerde spelregels, per definitie verassende voorstellingen op.

Personnage / Figure, 1969, brons / *bronze*, 146,5 x 40 x 32,3 cm.

Assemblages

Voor deze 'assemblages' zoals hij ze zelf noemde, een kunstvorm waaraan pas in 1961 voor het eerst museaal aandacht werd besteed in het Museum of Modern Art in New York, maakte hij in

that Miró became fascinated with sculpture. He had already made some early attempts in the nineteen-twenties and thirties. With Objet poëtique *(1936), in which he included such things as a stuffed parrot, a bowler hat and a seashell, he provided a starting point for his later work. Particularly from the late nineteen-sixties onwards, this resulted in an unusually productive period in which no fewer than four hundred sculptures were created. The artist mainly put them together from discarded or abandoned objects that he collected during walks on the beach and around his home in Montroig. Miró's 'stacked' sculptures, such as* Personnage *(1969) and* Personnage et Oiseau *(1966) form, as it were, a kind of three-dimensional version of the famous game* 'exquisite corpse' or 'cadavre exquis' that Surrealists enjoyed playing: it is a method by which a collection of words or images is collectively assembled. *In the same way, objects in the artist's mind can form themselves into a woman, a figure, a head or a new cosmos. According to Miró's rules of the game, by definition based on very personal associations, the sum of the parts produced surprising compositions.*

Assemblages

In principal Miró used everything that presented itself from the natural or material human world for these 'assemblages', as he himself called them. It was an art form that only received attention from a museum for the first time in 1961 in the Museum of Modern Art in New York.[5]

principe gebruik van alles wat zich uit de natuurlijke of materiële mensenwereld aandiende.[5] Dat kon een steen zijn, een rieten mand, een lepel, een ei, een schoenleest, een stuk bot, een croissant, een verftube, een boomstam, desnoods een deksel van een vuilnisbak. Deze alledaagse voorwerpen lijken op het eerste gezicht symbool te staan voor een boers en ambachtelijk, nauw met de aarde verbonden leven. Hun oorspronkelijke betekenis of gebruiksfunctie moest na hun samenvoeging verloren gaan zodat de vorm volledig in dienst kwam te staan van de sculptuur. Dat is natuurlijk maar ten dele gelukt, want in veel gevallen is de vorm nog zo herkenbaar dat het wel degelijk de aandacht op zichzelf vestigt vanwege de herkomst. De objecten kregen op deze wijze als beeldhouwersmateriaal een nieuw 'leven' binnen een onverwachte

An assemblage could be a stone, a wicker basket, a spoon, an egg, a piece of bone, a croissant, a paint tube, a tree trunk, or even a dustbin lid. At first glance these everyday objects seem to symbolize a rustic and artisanal life, closely connected to the earth. Their original meaning or functional use had to be lost after their amalgamation so that the shape became fully subservient to the sculpture. Of course, this was only partially successful, because in many cases the shape was so recognisable that it certainly did draw attention to itself because of its origin. In this way the objects were given new 'life' as sculpting materials within an unexpected context. The choice of the object arises from different motivations. Sometimes the formal similarity

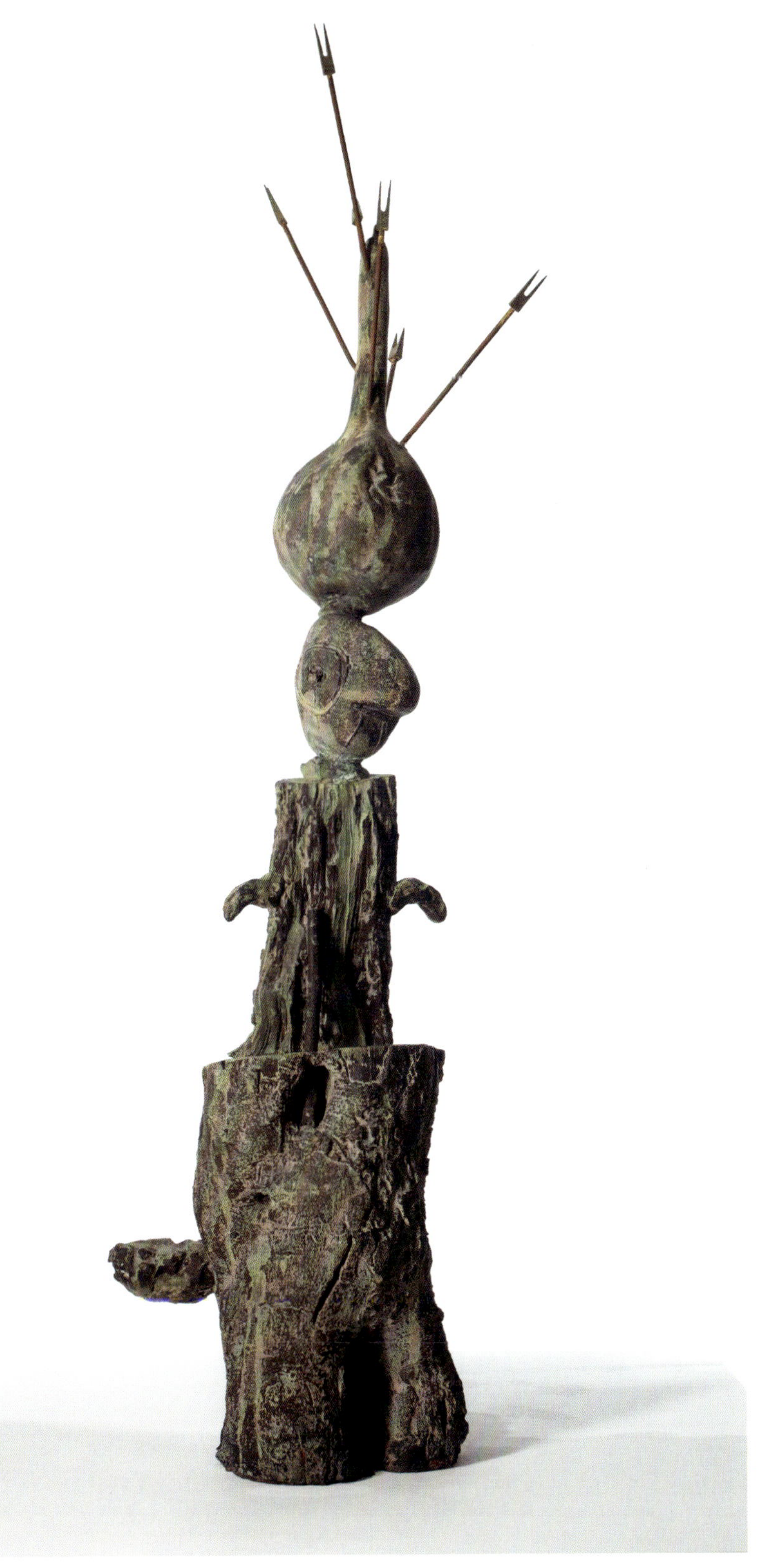

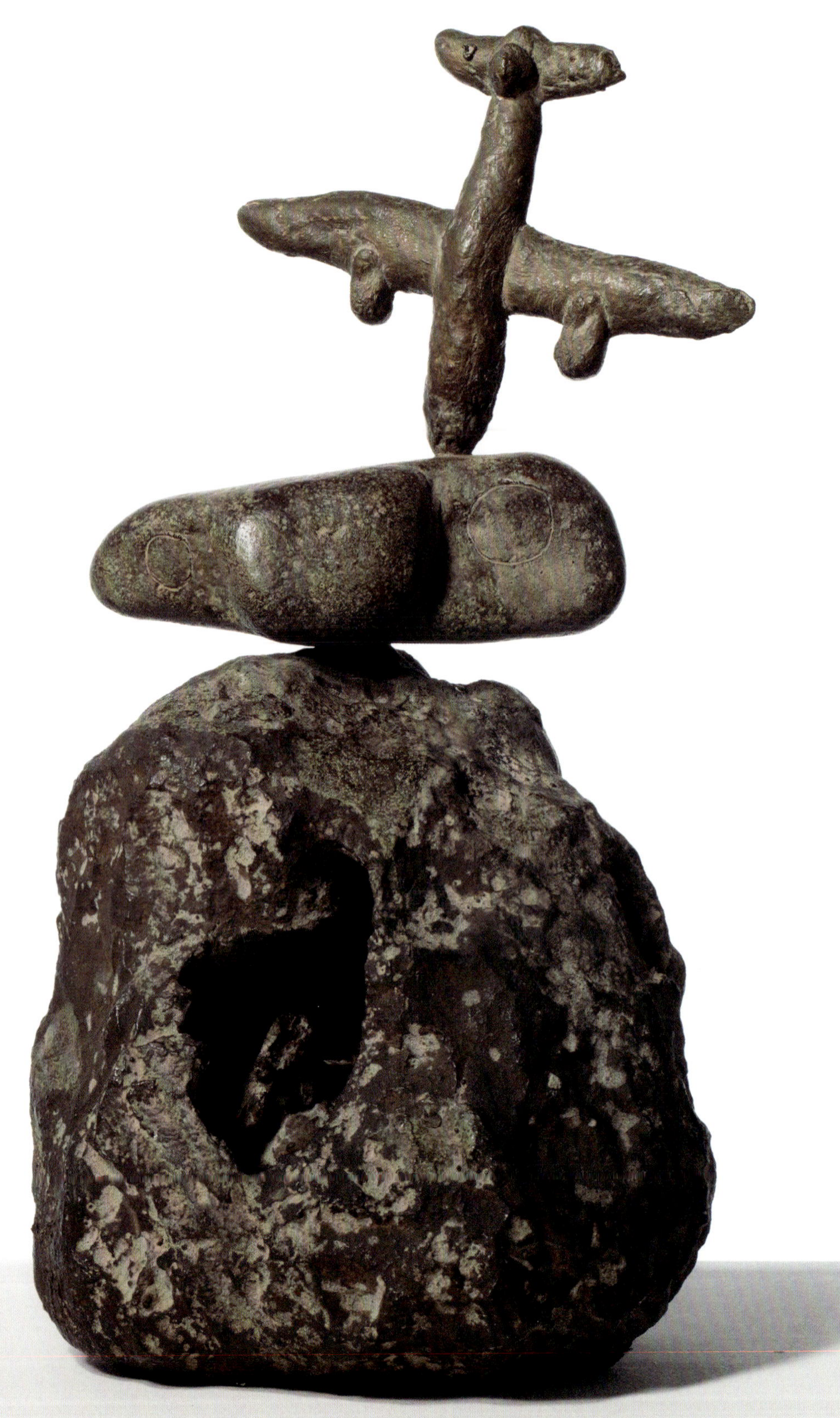

context. De keuze van het object komt voort uit verschillende beweegredenen. Soms vormde de formele gelijkenis met iets anders de bepalende factor, of er lag humor, symboliek of een ander criterium aan de selectie ten grondslag.

Miró selecteerde dergelijke *objets trouvés* dus welbewust. Hij koos ze op hun potentiële bruikbaarheid waarbij een door hem benoemde 'magische vonk' bepaalde welke objecten uiteindelijk bij elkaar werden gevoegd tot een sculptuur. Vaak leverde dat voor de beschouwer onnavolgbare combinaties op die slechts mondjesmaat iets van hun betekenis vrijgeven. Ook titels als *Personnage* of *Oiseau* zijn doorgaans te algemeen, óf in enkele gevallen zo poëtisch dat een specifieke duiding zo goed als onmogelijk is. Voor Miró zelf was het uiteindelijke beeld echter nooit abstract, maar verwees het altijd, cryptisch gezegd, naar concrete zaken uit de *verbeelding*. Het citaat aan het begin van deze tekst komt daaruit voort.

Net als in zijn schilderijen en tekeningen, maakte Miró ook in zijn beelden nog wel gebruik van symboliek. Reden waarom in de beginperiode werd gezegd dat de sculpturen slechts een driedimensionale voortzetting waren van zijn surrealistische schilderijen. Zijn sculpturen eigenen zich inderdaad de iconografie en vindingrijkheid toe van zijn schilderijen, zij het met een beperkter repertoire aan tekens en symbolen. Miró's sculpturen ontwikkelden zich steeds meer langs de weg van de vrije associatie. Hun kwaliteit is dan ook grotendeels gelegen in de originele vormentaal. Voor een juist begrip van het werk is het, anders dan in zijn surrealistische periode, minder noodzakelijk om

< *Personnage et oiseau / Personage and bird*, 1966, brons / *bronze*, 47 x 26 x 21,8 cm.

Atelier/*Studio* Joan Miró, Palma de Mallorca, 1961. Foto/*photo*: Joaquim Gomis

with something else was the deciding factor, or humour, symbolism or some other criterion formed the basis of the selection.

Miró therefore consciously selected such objets trouvés. He chose them on the basis of their potential usefulness, whereby the 'magic spark', as he called it, determined which objects were ultimately combined into a sculpture. This often provided incomprehensible combinations for the viewer, which only gradually revealed something of their meaning. Titles such as Personnage or Oiseau are usually too general, or in some cases are so poetic that a specific interpretation is virtually impossible. As far as Miró was concerned, however, the final statue was never abstract, but 'cryptically', alluded to tangible things

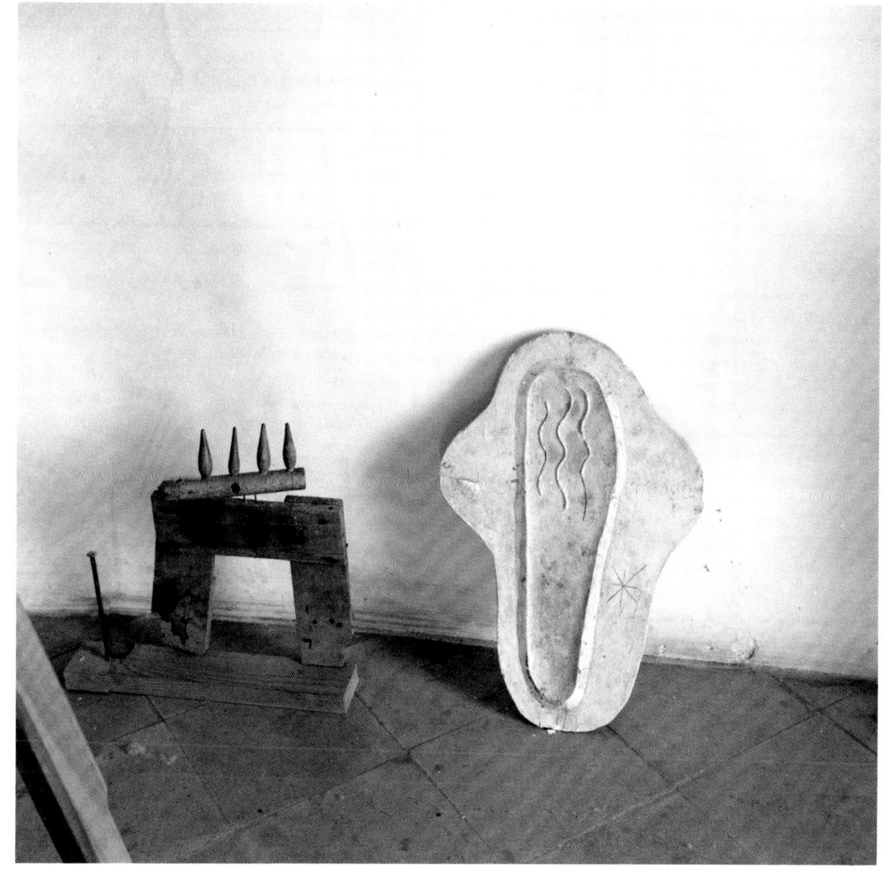

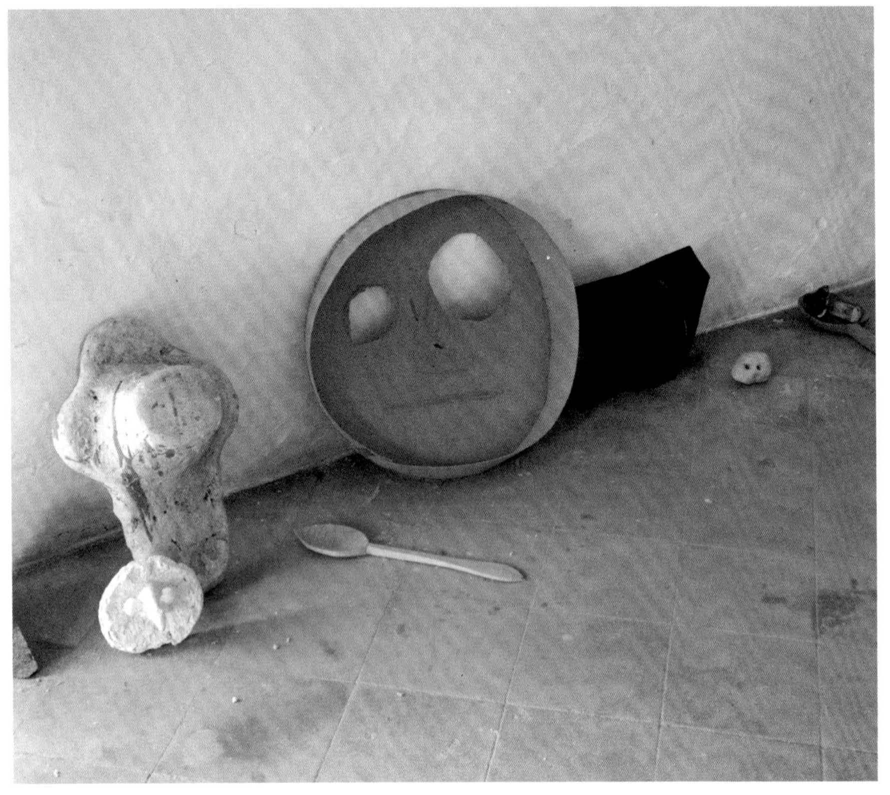

eventuele betekenissen te achterhalen. De kunstenaar maakte voor het gieten van zijn bronzen sculpturen gebruik van het zogenaamde 'verlorenwasmethode' (*cire perdu*). Dit proces houdt in dat je een kleisculptuur maakt, of een assemblage, deze bedekt met was om een mal te maken, een keramisch omhulsel over de wasmal aanbrengt en vervolgens de was wegsmelt. Wat overblijft is een keramische 'schaal' die gevuld kan worden met gesmolten brons. Zo hield hij, nadat het brons was afgekoeld en uitgehard, een bronzen sculptuur over die identiek was aan zijn oorspronkelijke model.
Om in sommige gevallen nog een extra betekenislaag toe te voegen bracht Miró lijnen en tekens aan in de waslaag die daardoor eveneens in het brons behouden bleven. In zijn sculpturen treffen we op die manier onder meer ogen, borsten, druppels, sterren, geslachten en voetaf-

Atelier/Studio Joan Miró, Palma de Mallorca, 1961. Foto/*photo*: Joaquim Gomis

from the imagination. The quote at the start of this text arises from it.

Just as in his paintings and drawings, Miró also still used symbolism in his sculptures. It was said in the early period that this was because the sculptures were just a three-dimensional continuation of his surrealistic paintings. His sculptures did indeed appropriate the iconography and ingenuity of his paintings, albeit with a more limited repertoire of signs and symbols. Miró's sculptures increasingly developed along the path of free association. This is why their quality is largely determined by the original form language. It is less necessary to discover possible meanings for a correct understanding of the work than it was in his surrealistic period.

The artist employed the 'lost wax method' (cire perdu) for casting his bronze sculptures. This technique involves the creation of a clay sculpture, or an assemblage, covering it with wax in order to make a mould, applying a ceramic shell over the wax mould and then melting away the wax. What remains is a ceramic 'shell', which can be filled with molten bronze. After the bronze had cooled and hardened, the artist was left with a bronze sculpture which was identical to his original model. In some cases to add an extra layer of meaning, Miró applied lines and signs to the wax layer which were also retained in the bronze. In his sculptures we encounter such things as eyes, breasts, droplets, stars, genitals and footprints, which independently, or in combination, can de-

drukken aan die zelfstandig, of in combinatie, de duiding van een beeld een bepaalde kant op kunnen sturen.

Zo is er een aantal geregeld terugkerende symbolen uit te lichten, waarvan de belangrijkste ongetwijfeld de vrouw is. In zijn werk zijn ze te herkennen aan borsten, haren en aan de geslachtsdelen die hij amandel- of traanvormig weergaf zoals in *Tête* (1950), maar in handen van Miró kon het vrouwelijk geslacht ook de vorm van het schild van een schildpad krijgen, zoals in het beschilderde *La caresse d'un oiseau* (1967). Of een abstracte stapeling van drie bollen. De vrouw is, heel klassiek, een teken van vruchtbaarheid en voor Miró eveneens een symbool van verbondenheid met de aarde. Behalve naar vruchtbaarheid verwijst het ook naar seksualiteit dat voor Miró de bron van alle leven vertegenwoordigde. Bovendien staat ze

termine the interpretation of an image.

There are a number of regularly recurring symbols to be explained, the most important of which is undoubtedly the woman. In his work they can be recognised from their breasts, hair and genitalia, which he depicted as almond or tear-shaped in Tête *(1950), but in Miró's hands the female genitalia could also take the shape of the shell of a tortoise, as in the painted* La caresse d'un oiseau *(1967). Or an abstract stack of three spheres. Woman is, totally classical, a sign of fertility, and for Miró likewise a symbol of solidarity with the Earth. In addition to her fecundity it also refers to sexuality, which for Miró represented the source of all life. Furthermore, she represents the cosmic energy that presaged all processes of growth, decay and new*

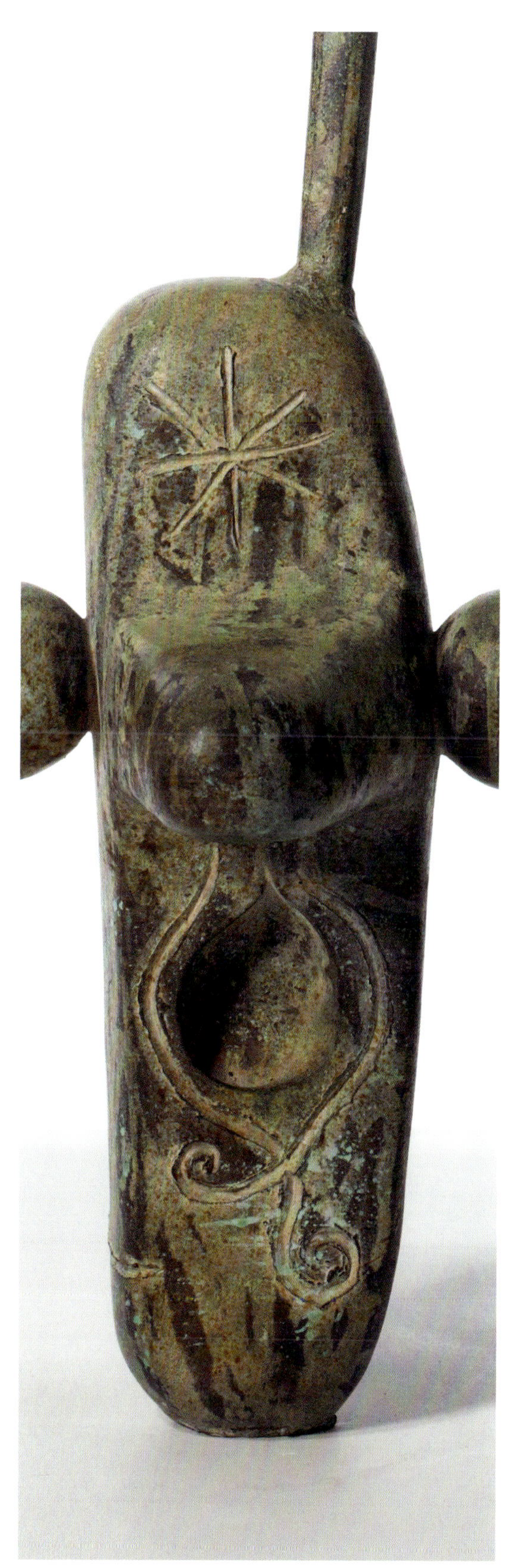

Jeune fille rêvant de l'évasion / Young girl dreaming of escape (detail), 1969, brons / *bronze*, 101 x 22,5 x 23,2 cm.

voor de kosmische energie die alle processen van groei, verval en nieuw leven inluidde en de metamorfose van dood in leven waarborgde. Hij verbond haar met de vruchtbaarheid van de aarde, met creativiteit en de eigen verbeeldingsvluchten van de kunstenaar.

De veelvoorkomende stervorm verwijst behalve naar de avond en de nacht, eveneens naar vrouwelijke genitaliën. De dubbele betekenis ervan wordt duidelijk in sculpturen als *Femme dans le nuit* (1967) en *Jeune fille rêvant de lévasion* (1969).

Eenzelfde soort rol vervullen de vogels, die werkelijkheid en droom met elkaar verbinden, omdat ze kunnen vliegen maar ook de grond raken. "Birds fly through space, they can lift us off the ground to higher things, to the world of fantasy and the imagination, which is not earthbound".[6]

In Miró's sculpturen krijgen ze in veel gevallen de vorm van een halve maan zoals in *Personnage et Oiseau* (1971), maar kunnen ook bestaan uit een fijngevormd takje dat losjes op een stuk steen wordt geplaatst zoals in *Tête et Oiseau* (1967). Vogels en figuren lijken op elkaar. Ze delen soms dezelfde fysieke kenmerken. Verbonden met zowel de vrouw als vogels zijn de eieren die in menig sculptuur optreden als symbool van vruchtbaarheid.

De aanwezigheid van voeten verwijst, omdat ze, net als boomwortels, in contact staan met de aarde, naar de verbinding met de echte wereld, de werkelijkheid. Zo staat bijvoorbeeld in *Personnage et Oiseau* (1967) de voet voor de gehele figuur. En in de sculptuur *Personnage* (1968) is het aanwezig in de vorm van een voetafdruk terwijl in *Femmes et Oiseau* (1973) de voet gestalte krijgt met behulp van schoenleesten.

Torse / Model for torso, 1969, gips / *plaster*, 185 x 130 x 130 cm.

> *Torse de femme / Female torso*, 1967, brons / *bronze*, 50 x 31 x 21,5 cm.

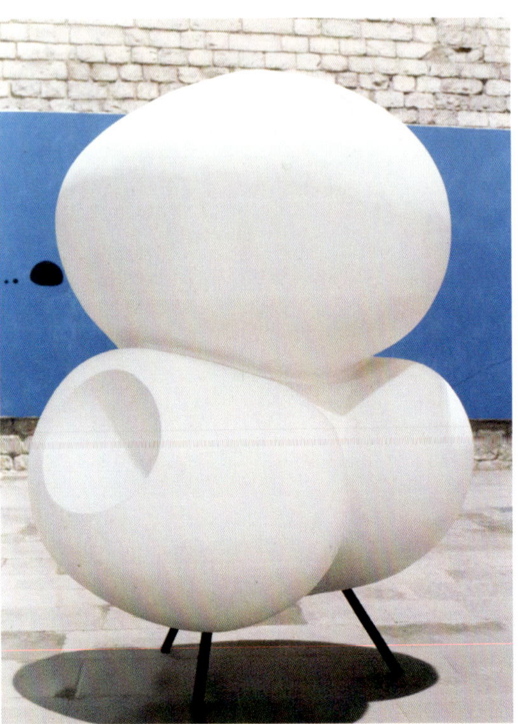

life and guaranteed the metamorphosis from death into life. He connected her with the fruitfulness of the Earth, with creativity and his own flights of fancy.

The frequently occurring star shape not only refers to the evening and the night, but also to the female sexual organs. Its double meaning becomes clear in sculptures like Femme dans le nuit *(1967) and* Jeune fille rêvant de lévasion *(1969).*

The birds play a similar role, linking reality and dream, because they can fly but can also touch the ground. "Birds fly through space, they can lift us off the ground to higher things, to the world of fantasy and the imagination, which is not earthbound".[6]

In many cases in Miró's sculptures they are given the shape of a half-

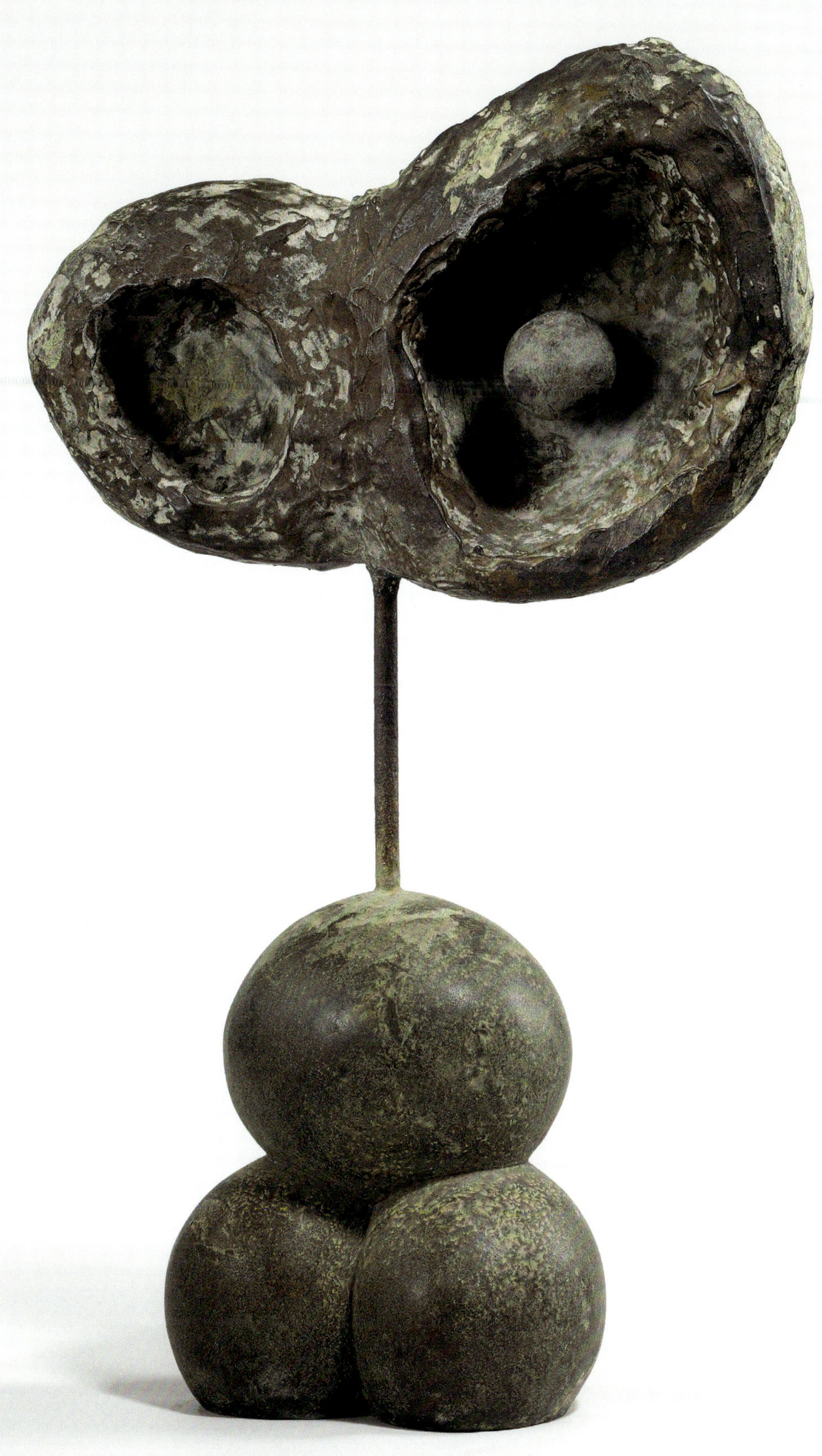

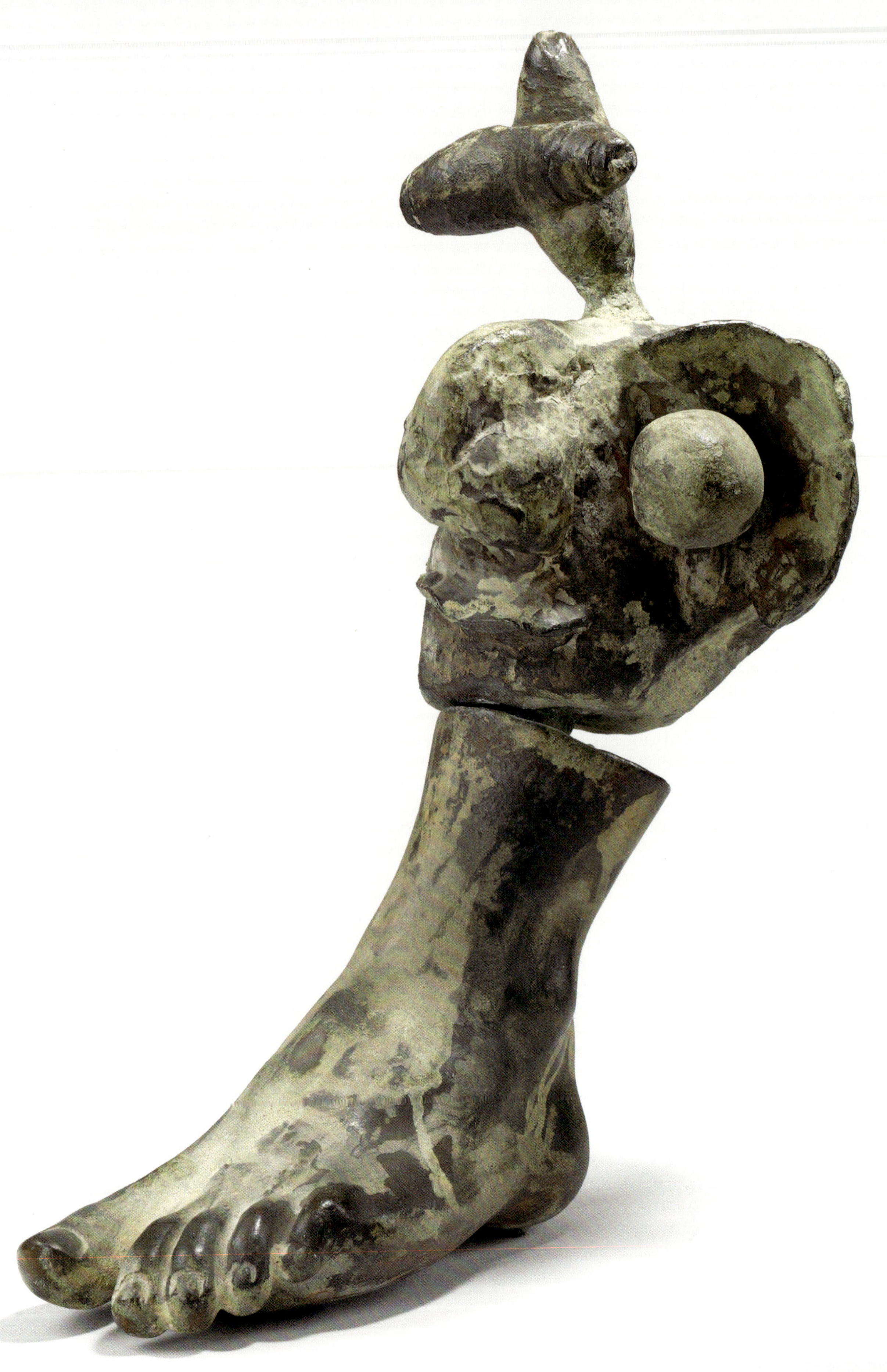

Zo zijn er talloze andere, vaker opduikende vormen in zijn sculpturen te ontdekken zoals kalebassen, stukken aardewerk en flessen die als symbool opgevat zouden kunnen worden. Het is goed mogelijk dat Miró aan dergelijke objecten ook een diepere betekenis toekende, maar er nooit een uitspraak over deed. Uit zijn fantasievolle sculpturen spreekt duidelijk het plezier waarmee Miró ze heeft gemaakt. De opgetogenheid over de vondsten, de verrukking over de ontstane combinaties, uit alles blijkt dat het creatieve brein van de kunstenaar op die momenten op volle toeren draaide. De talloze formele en inhoudelijke overwegingen die leidden tot de karakteristieke vormentaal van zijn sculpturen zijn weliswaar onnavolgbaar, maar gelukkig staat dat onze waardering en bewondering voor zijn fascinerende werk niet in de weg.

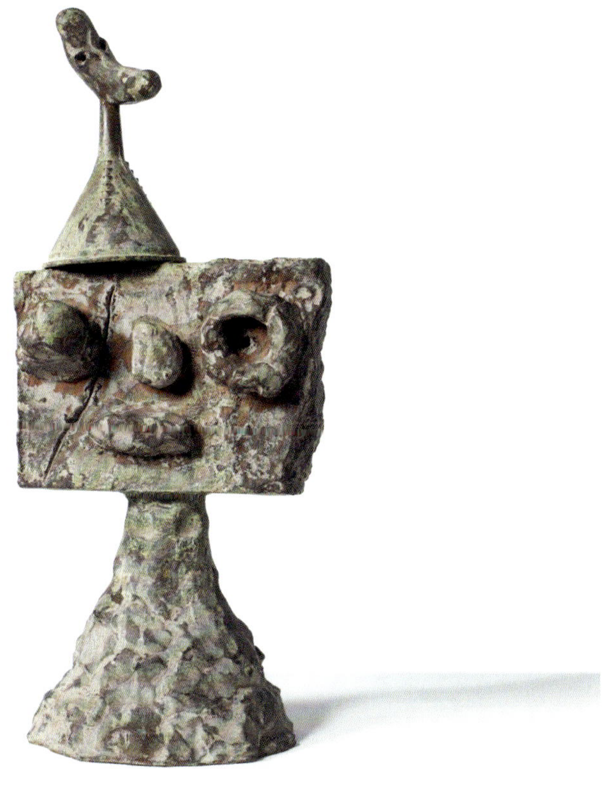

moon as in Personnage et Oiseau *(1971), but they can also consist of a finely shaped twig placed loosely on a piece of stone as in* Tête et Oiseau *(1967). Birds and figures look alike. They sometimes share the same physical characteristics. The eggs that feature in many a sculpture as a symbol of fertility are connected to both the woman as well as to the birds.*

Like tree roots, the presence of feet refers to the link with the real world–to reality–because they are in contact with the earth. In Personnage et Oiseau *(1967), for example, the foot represents the entire figure. And in the sculpture* Personnage *(1968) it is present in the form of a footprint, whereas in Femmes et Oiseau (1973) the foot is given shape with the aid of shoe-lasts.*

There are countless other, frequently occurring shapes to be discovered in his sculptures, such as gourds, pieces of pottery and bottles that could be interpreted as symbols. It is quite possible that Miró also attributed a deeper meaning to such objects, but never spoke about it. His imaginative sculptures clearly demonstrate the pleasure with which Miró made them. The elation about his finds, the delight about the combinations created; everything shows that the artist's creative brain was running at full speed at those times. The countless formal and substantive considerations that led to the characteristic form language of his sculptures are indeed incomprehensible, but fortunately this does not stand in the way of our appreciation and admiration of his fascinating work.

Personnage et oiseau / Personage and bird, 1971, brons / bronze, 44 x 19 x 15,3 cm.

< *Personnage et oiseau / Figure and bird*, 1967, brons / bronze, 43 x 33 x 17 cm.

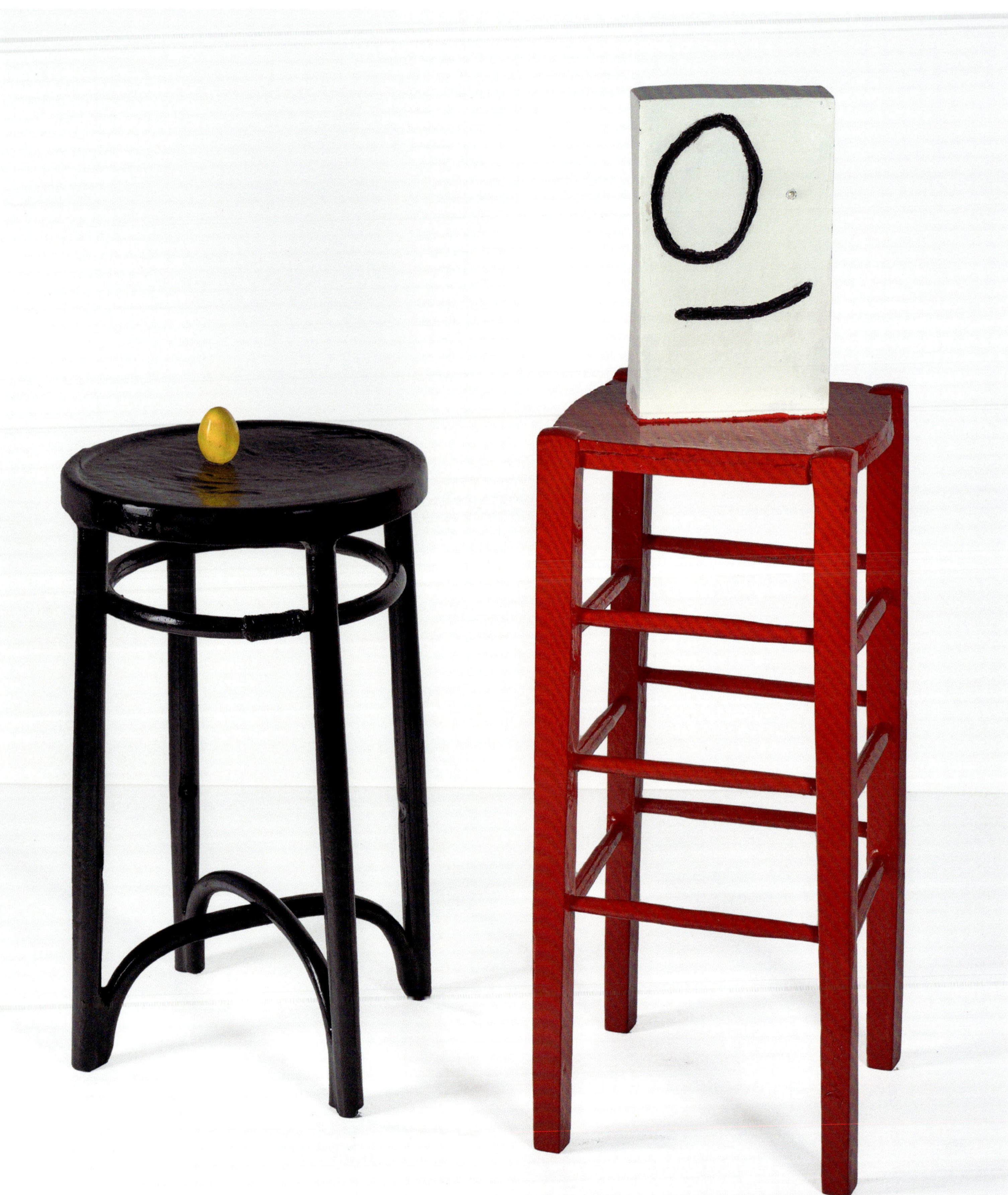

Monsieur et madame / *Sir and Madam*, 969, beschilderd brons / *painted bronze*, 100 x 31 x 31 cm, 68 x 38 x 38 cm.

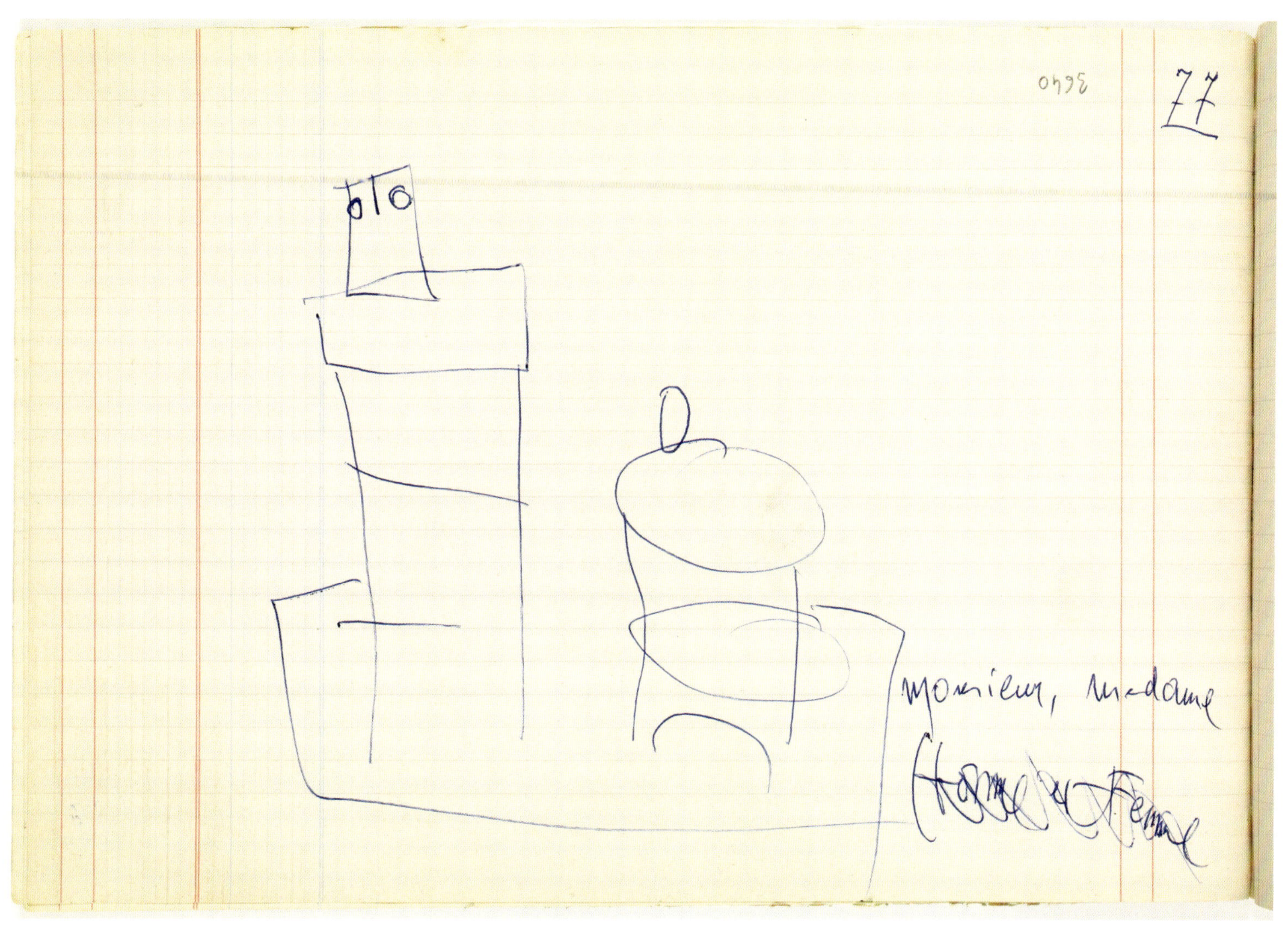

Monsieur et madame / Sir and Madam, Balpen op papier / *Ballpoint on paper*, (schetsboek/*sketchbook* 'Escultures I') 21,3 x 31 cm.

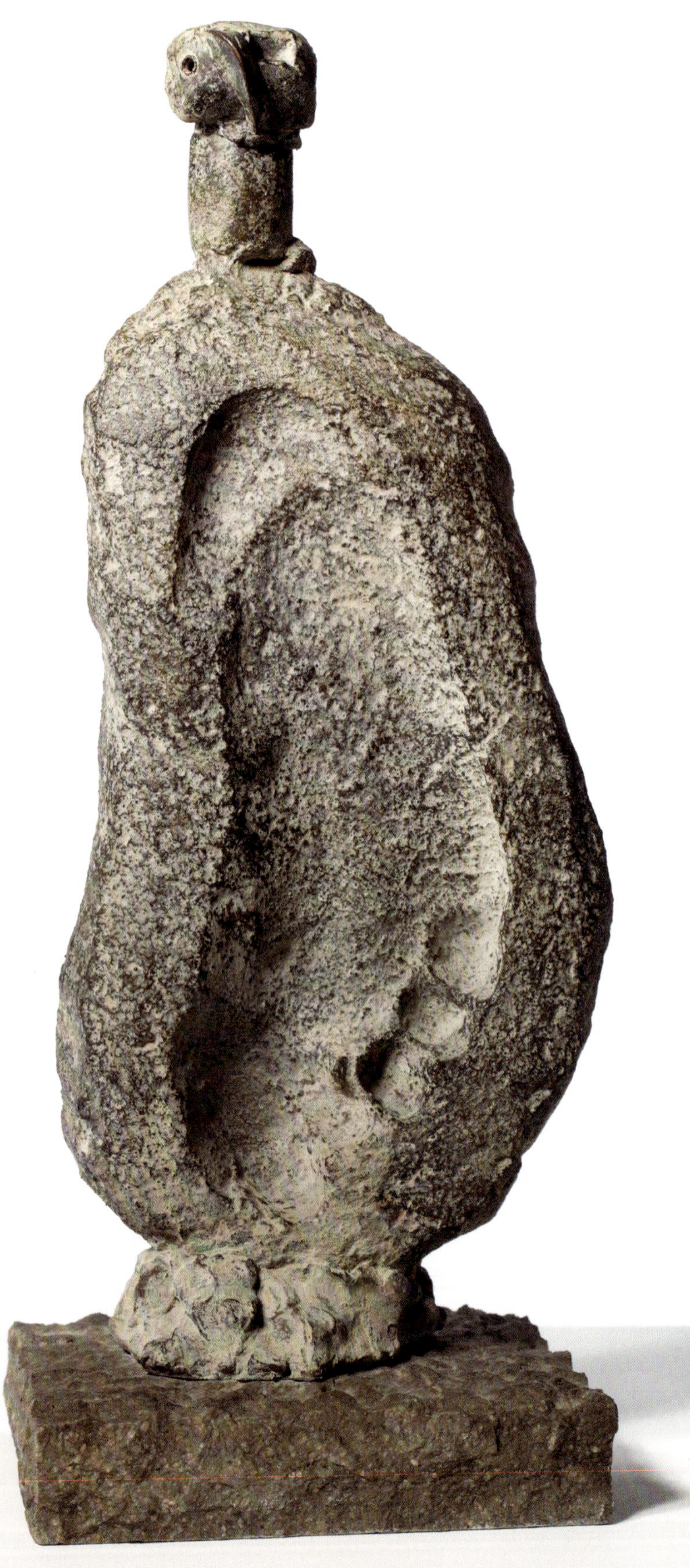

Personnage / Figure, 1968, brons/*bronze*, 43 x 20,5 x 16,2 cm.

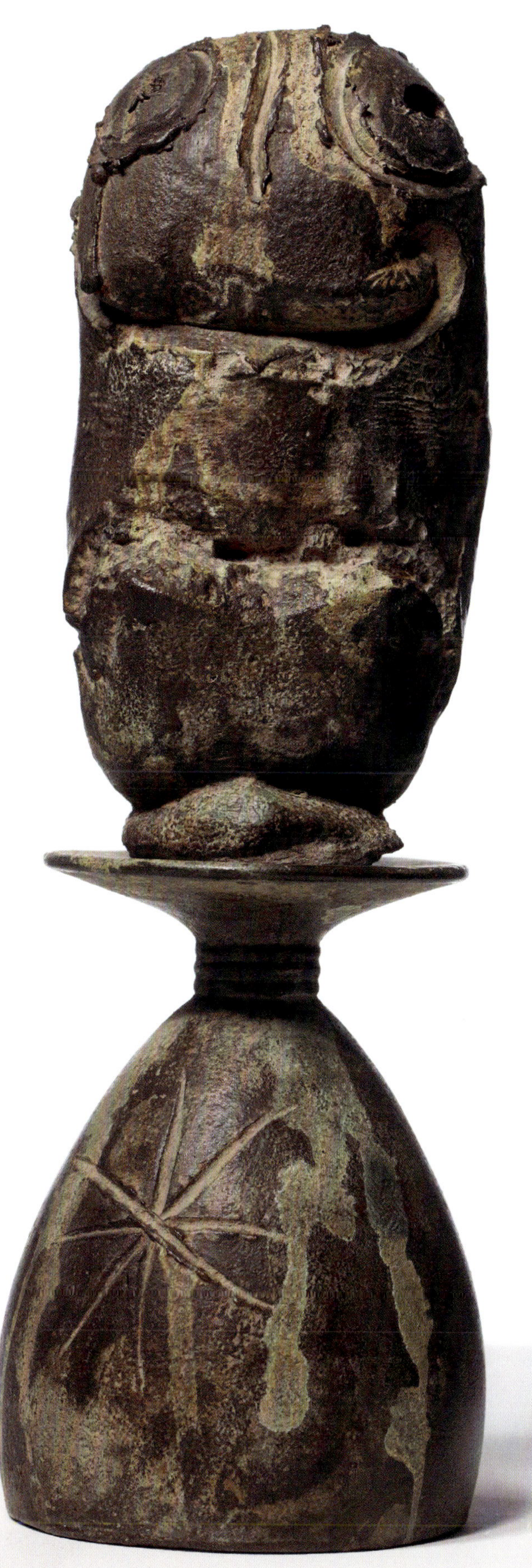

Personnage / Figure, 1969, brons/ *bronze*, 23,2 x 8 x 8 cm.

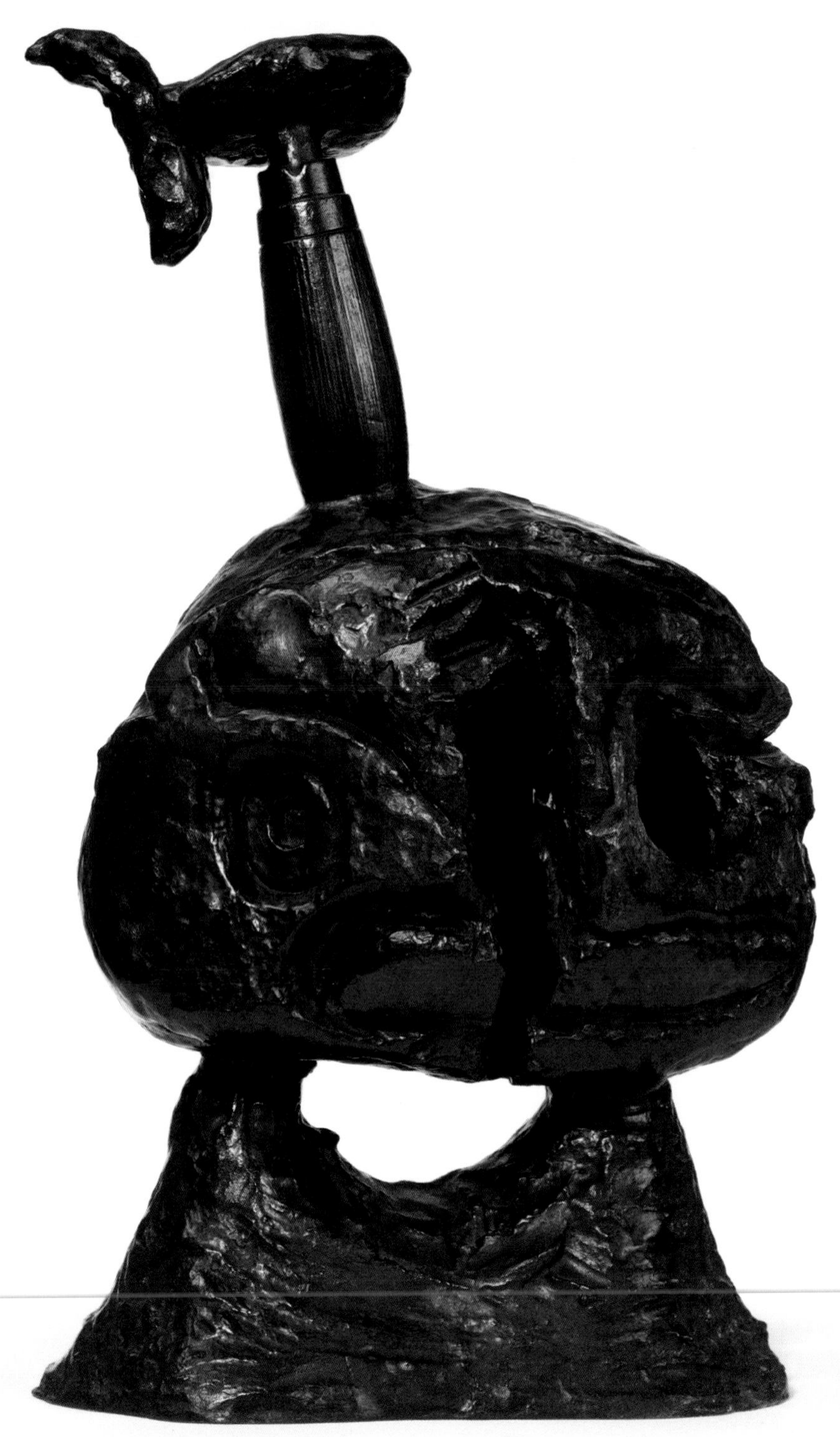

Femme / Woman, 1971, brons/*bronze*, 56,3 x 33,3 x 30,7 cm.

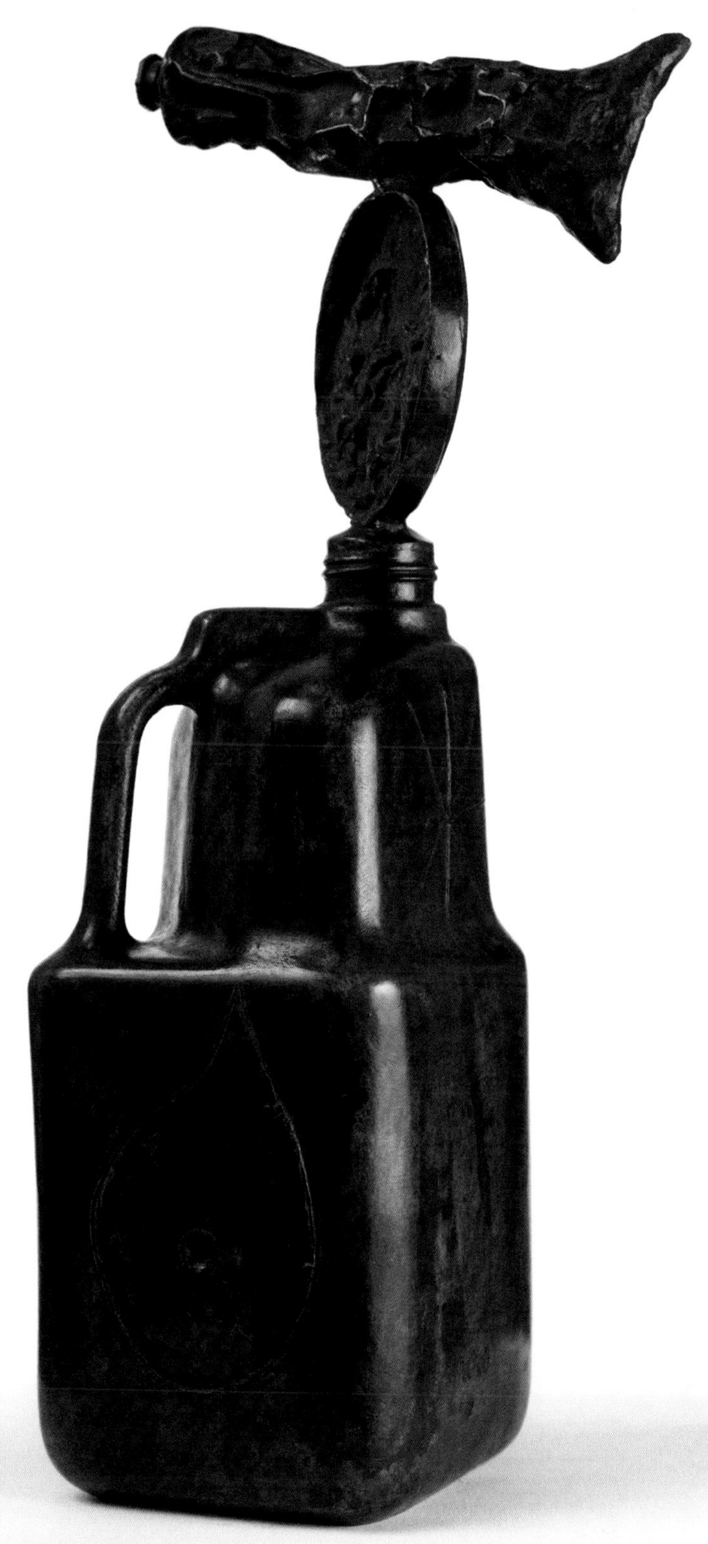

Femme, oiseau / Woman, bird, 1972, brons/*bronze*, 51,5 x 21 x 14,5 cm.

Biografie

Door Elena Escolar

Afdeling Collecties Fundació Joan Miró

1893 Joan Miró wordt op 20 april geboren in de Passatge del Crèdit in Barcelona.
1907 Begint aan een handelsopleiding en bezoekt daarnaast de kunstacademie La Llotja.
1910 Werkt als boekhouder bij Dalmau i Oliveres in Barcelona, een winkel in schoonmaakmiddelen.

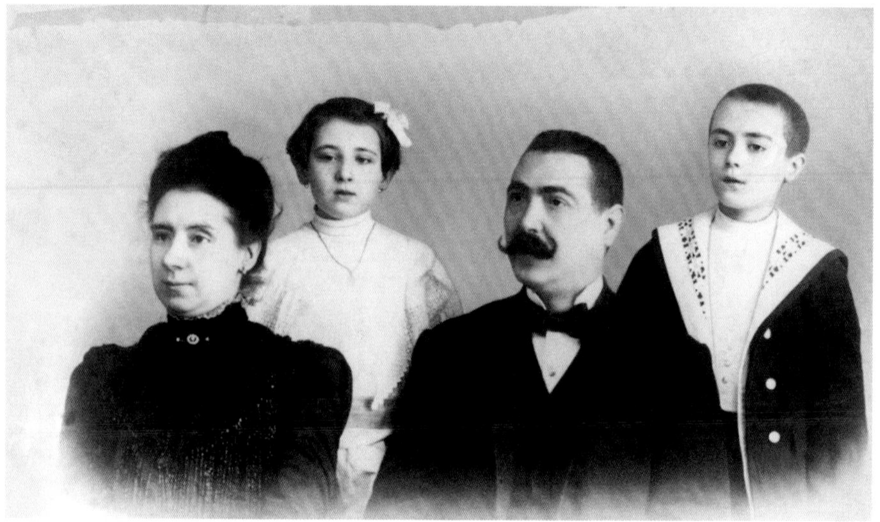

Joan Miró met zijn ouders en zus, 1902 / *Joan Miró with his parents and sister, 1902.*

Biography

By Elena Escolar

Collections Department Fundació Joan Miró

1893 *On 20 April, Joan Miró is born at Passatge del Crèdit, in Barcelona.*
1907 *He begins studying business while also attending La Llotja School of Fine Arts.*
1910 *He works as a bookkeeper at Dalmau i Oliveres hardware and chemicals supplies company.*
1911 *He decides to devote himself fully to painting, against his father's wishes. He contracts typhoid fever and moves temporarily to convalesce in the family's country house in Mont roig del Camp, where he is able to focus on his painting.*
1912 *He returns to Barcelona and continues to produce art, registering at the art school directed by Francesc Galí. Miró attends the school until 1915.*
1917 *He develops an interest in poetry and reads Catalan and French avant-garde magazines.*

1911 Besluit zich volledig te wijden aan de schilderkunst tegen de wens van zijn vader in. Krijgt tyfus en herstelt in het huis van de familie op het platteland in Mont-roig del Camp, waar hij zich kan concentreren op zijn schilderkunst.
1912 Keert terug naar Barcelona en blijft kunst maken. Schrijft zich in op de kunstschool die wordt geleid door Francesc Galí en bezoekt deze tot 1915.
1917 Krijgt belangstelling voor poëzie en leest Catalaanse en Franse avant-gardetijdschriften.
1918 Eerste solo-expositie bij Galeries Dalmau in Barcelona, die lovende kritieken ontvangt. Richt samen met onder meer Josep Llorens Artigas de Agrupació Courbet op. De groep legt de kunstenaars geen specifieke stijl op, maar laat zich leiden door de drang naar vernieuwing binnen de Catalaanse kunstwereld.
1920 Eerste reis naar Parijs. De toenmalige kunsthoofdstad maakt zoveel indruk op de kunstenaar dat hij niet meer in staat is om te schilderen. Ontmoet daar Pablo Picasso.
1921 Huurt een atelier in Parijs op 45 Rue Blomet. Brengt vanaf die tijd de zomer door in Mont-roig en de winter in Parijs. Ontmoet zijn buurman, de schilder André Masson, waarschijnlijk via dichter en kunstenaar Max Jacob. Eerste solo-expositie in Parijs bij Galerie La Licorne.
1922-1924 Woont en werkt in zijn atelier aan de Rue Blomet in Parijs. André Masson introduceert hem in een kring van dichters en vrienden die een blijvende invloed op Miró zullen hebben.
Laat het realisme achter zich en richt zich op het imaginaire.
1925 Ontmoet de leden van de surrealistische groep.

De boerderij van de familie Miró op het platteland in Mont-roig del Camp / *The family's country house in Mont-roig*. Foto/*photo*: Joaquim Gomis

__1918__ First solo exhibition at Galeries Dalmau in Barcelona. The show receives critical acclaim. Miró founds the Agrupació Courbet jointly with Josep Llorens Artigas, among others. The group does not impose a stylistic discipline, but rather is guided by the urge for renewal within the Catalan art world.
__1920__ First trip to Paris. The art capital of the time makes such an impression on the artist that he is unable to paint. There he meets Pablo Picasso.
__1921__ He rents a studio in Paris, on 45 Rue Blomet. From then on, Miró spends his summers in Mont-roig and winters in Paris. He meets his neighbour André Masson, probably through poet and artist Max Jacob. Miró's first solo exhibition in Paris is held at Galerie La Licorne.
__1922-1924__ Miró lives and works in the

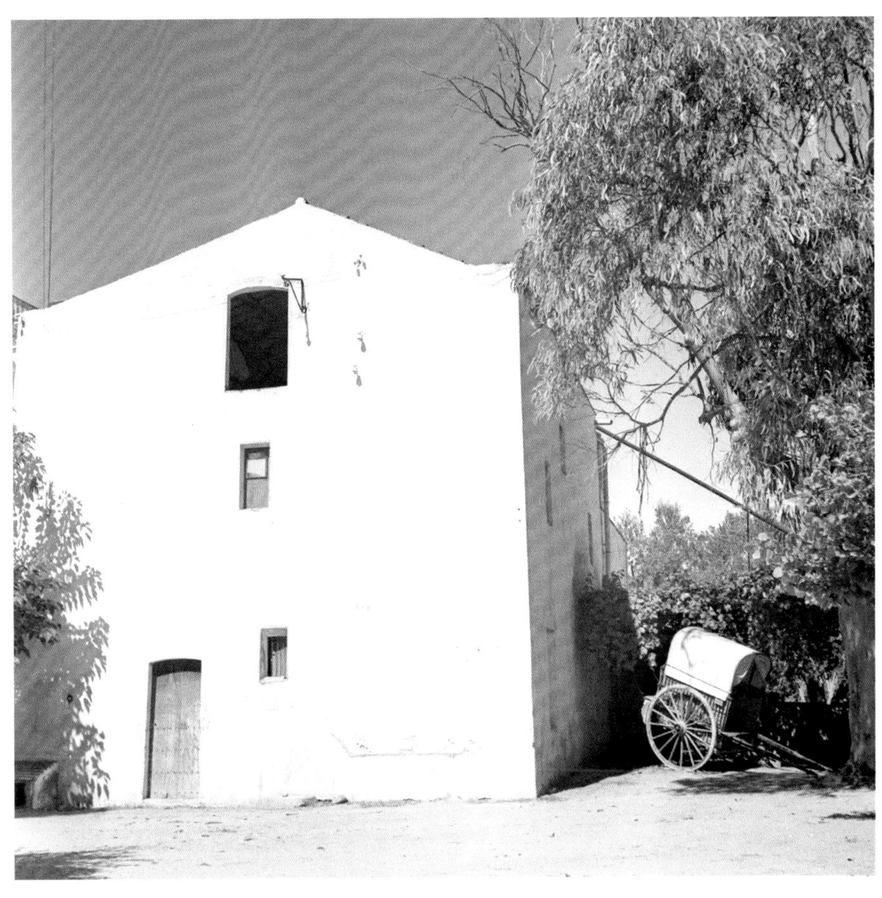

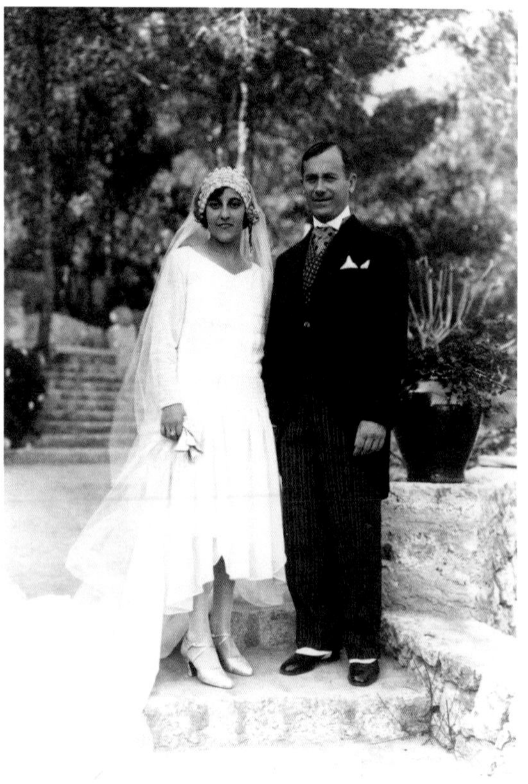

Begint met zijn zogenaamde 'droomschilderijen', die zich kenmerken door monochrome achtergronden en lege vlakken.
1926 Sergei Diaghilev geeft Miró en Max Ernst opdracht de decors en kostuums te ontwerpen voor zijn ballet *Roméo et Juliette*.
1927 Voert surrealistische experimenten uit, zoals het 'cadavre exquis', een gezamenlijk gemaakt gedicht of tekening vanuit het onderbewuste.
In zijn *Anthologie de la peinture en France de 1906 à nos jours* schrijft Maurice Raynal over Miró's wens om 'de schilderkunst te vermoorden' door de traditionele schildermethoden te mijden.
1928 Maakt zijn eerste 'object- collages'. Bezoekt België en Nederland en schildert na zijn terugkeer in Parijs *Intérieur hollandais*, geïnspireerd door de 17de-eeuwse Hollandse meesters.
1929 Trouwt met Pilar Juncosa in Palma

Rue Blomet studio in Paris. André Masson introduces him to a circle of poets and friends which will have a lasting influence on Miró. He abandons realism to focus on the imaginary.
***1925** He meets the members of the Surrealist group. He begins his so-called 'dream paintings,' characterized by monochrome backgrounds and empty fields.*
***1926** Sergei Diaghilev commissions Miró and Max Ernst to design the sets and costumes for his ballet Romeo and Juliet. They are both criticized by the Surrealists for this project. Beginning of his 'animated landscapes' series, which will culminate the following year.*
***1927** He carries out Surrealist experiments such as the Exquisite Corpses.*
In his Anthologie de la peinture en France de 1906 à nos jours, Maurice Raynal describes Joan Miró's wish to 'assassinate painting,' defying traditional painting methods.
***1928** He produces his first object-collages. He visits Belgium and Holland, and, upon his return to Paris, paints Dutch interiors, inspired by the seventeenth-century Flemish masters.*
***1929** He marries Pilar Juncosa in Palma de Mallorca. They move to Paris.*
***1930** Maria Dolors, his only child, is born in Barcelona.*
First solo exhibition in the United States, held at Valentine Gallery in New York.
***1932** Miró moves back to Barcelona from Paris given the effects of the Great Depression.*
First solo exhibition at Pierre Matisse Gallery in New York.
***1935** He experiments with several*

de Mallorca. Ze verhuizen naar Parijs.
1930 Maria Dolors, hun enige kind, wordt geboren in Barcelona.
Eerste solo-expositie in de Verenigde Staten bij Valentine Gallery in New York.
1932 Verhuist van Parijs terug naar Barcelona vanwege de gevolgen van de crisis.
Eerste solo-expositie bij Pierre Matisse Gallery in New York.
1935 Experimenteert met diverse ongewone schildermaterialen, zoals vezelcement, hout, karton, koper en masoniet.
1936 Neemt deel aan twee exposities van de surrealistische groep: *Exposition surréaliste d'objets* bij Galerie Charles Ratton in Parijs en *International Surrealist Exhibition* bij New Burlington Galleries in Londen.
De Spaanse Burgeroorlog breekt uit. Hij besluit om in Parijs te gaan wonen.
1937 Ontwerpt een postzegel om geld in te zamelen voor de republikeinen, die nooit zal worden gedrukt. Levert met de muurschildering *El Segador* een bijdrage aan de Wereldtentoonstelling in Parijs. Andere deelnemende kunstenaars zijn Picasso met *Guernica*, Alexander Calder met zijn *Mercury Fountain* en Julio González met *La Montserrat*.
1938 Blijft experimenteren met ets-, burijn- en drogenaaldtechnieken.
1939 Einde van de Spaanse Burgeroorlog en begin van Franco's dictatuur.
Reist in de zomer naar Normandië en verhuist naar Varengeville-sur-Mer.
De Tweede Wereldoorlog breekt uit.
1940 Begint in Varengeville aan een serie van 23 gouaches die later bekend zouden worden als *Constellations*. Blijft hieraan werken in Palma en voltooit de gouaches in 1941 in Mont-roig. In deze serie consolideert Miró zijn symbolentaal.
Besluit terug te keren naar Spanje vanwege de Duitse invasie van Frankrijk.

Pilar Juncosa en Joan Miró op hun trouwdag. Palma de Mallorca, 1929 / *Pilar Juncosa and Joan Miró on their wedding day. Palma de Mallorca, 1929.*

non-painting materials, such as fibre cement, wood, cardboard, copper and Masonite.
***1936** He shows in two exhibitions featuring the Surrealist group: Exposition surréaliste d'objets, at Galerie Charles Ratton in Paris, and International Surrealist Exhibition, at New Burlington Galleries in London.*
Miró is in Mont-roig when the Spanish Civil War breaks out. He travels to Paris. His wife and daughter join him.
***1937** He designs a postage stamp to raise funds for the Republican cause; it will never be produced. He shows in the Paris International Exposition. Other participating artists are Picasso, with Guernica; Alexander Calder, with his Mercury Fountain, and Julio González, with La Montserrat.*
***1938** Miró continues to explore etching, burin and drypoint techniques.*
***1939** End of the Spanish Civil War and beginning of Franco's dictatorship.*
During the summer, Miró travels to Normandy and moves to a cottage in Varengeville-sur-Mer.
World War II breaks out.
***1940** In Varengeville, Miró begins a series of 23 gouaches that would later be known as Constellations, which he continues in Palma and finishes in Mont-roig in 1941. In this series, Miró consolidates his language of signs.*
Given the German invasion of France, Miró decides to return to Spain. He moves to Palma with his family.
***1941** First major retrospective at the Museum of Modern Art in New York.*
***1942** Miró returns to Barcelona and moves*

Verhuist met zijn gezin naar Palma.
1941 Eerste grote overzichtstentoonstelling in het Museum of Modern Art in New York.
1942 Keert terug naar Barcelona en neemt zijn intrek in het appartement van zijn familie. Maakt bijna uitsluitend werk op papier.
1944 Maakt tot 1947 keramische werken samen met Josep Llorens Artigas. Drukt de *Barcelona*-serie, een verzameling van vijftig litho's uitgegeven door Joan Prats. Gaat weer schilderen, het medium dat hij in 1939 terzijde had geschoven.
1945 Solo-expositie bij Pierre Matisse Gallery in New York, waar een groot deel van de series *Constellations* en *Barcelona* voor het eerst wordt getoond. De werken hebben een enorme impact op jonge kunstenaars in de Verenigde Staten. Einde van de Tweede Wereldoorlog.
1946 Eerste bronzen sculpturen.
1947 Eerste bezoek aan de Verenigde Staten. Tijdens zijn acht maanden durende verblijf komt hij in contact met een breed scala aan mensen uit de kunstwereld: onder meer met Louise Bourgeois, Alexander Calder, Max Ernst, Pierre Matisse, Josep Lluís Sert en Arnold Newman. Neemt deel aan *Le Surréalisme en 1947: Exposition internationale du surréalisme* bij Galerie Maeght in Parijs, georganiseerd door Marcel Duchamp en André Breton.
1948 Keert na acht jaar terug naar Parijs. Aimé Maeght wordt zijn Europese kunsthandelaar en organiseert zijn eerste solo-expositie bij Galerie Maeght in Parijs.
1954 Gaat samenwerken met Josep Llorens Artigas in Gallifa. In twee jaar tijd maken ze meer dan 200 keramische werken.
Exposeert op de Biënnale van Venetië waar hij onderscheiden wordt met de

Joan Miró's atelier gebouwd door Josep Lluís Sert in Mallorca, 1956 / *Joan Miró's studio built by Josep Lluís Sert in Mallorca, 1956.* Foto/ photo: Joaquim Gomis

into his family's apartment. Almost all the works he produces are on paper.
1944 *Until 1947 he produces ceramics jointly with Josep Llorens Artigas. He prints the Barcelona series, a collection of fifty lithographs published by Joan Prats. He returns to painting, the medium he had put aside in 1939.*
1945 *Solo exhibition at Pierre Matisse Gallery in New York, showing a large part of the Constellations and Barcelona series for the first time. The works have a huge impact on young American artists. World War II ends.*
1946 *First bronze sculptures.*
1947 *First visit to the United States. During his eight-month stay he meets and spends time with a broad range of people from the art world: Louise Bourgeois, Alexander Calder, Max Ernst, Pierre Matisse, Josep Lluís Sert and Arnold Newman, among others.*
He takes part in Le Surréalisme en 1947: Exposition internationale du surréalisme held at Galerie Maeght in Paris, organized by Marcel Duchamp and André Breton.
1948 *He returns to Paris after eight years. Aimé Maeght becomes his European dealer and organizes his first solo exhibition at Galerie Maeght in Paris.*
1949 *In addition to painting, Miró further explores printing, sculpture and ceramics.*
1954 *He begins working with Josep Llorens Artigas in Gallifa. They will produce over 200 ceramic pieces in two years.*
He shows at the Venice Biennale and is awarded the Grand Prize for Engraving.
1956 *Retrospective at the Palais des Beaux-Arts in Brussels.*

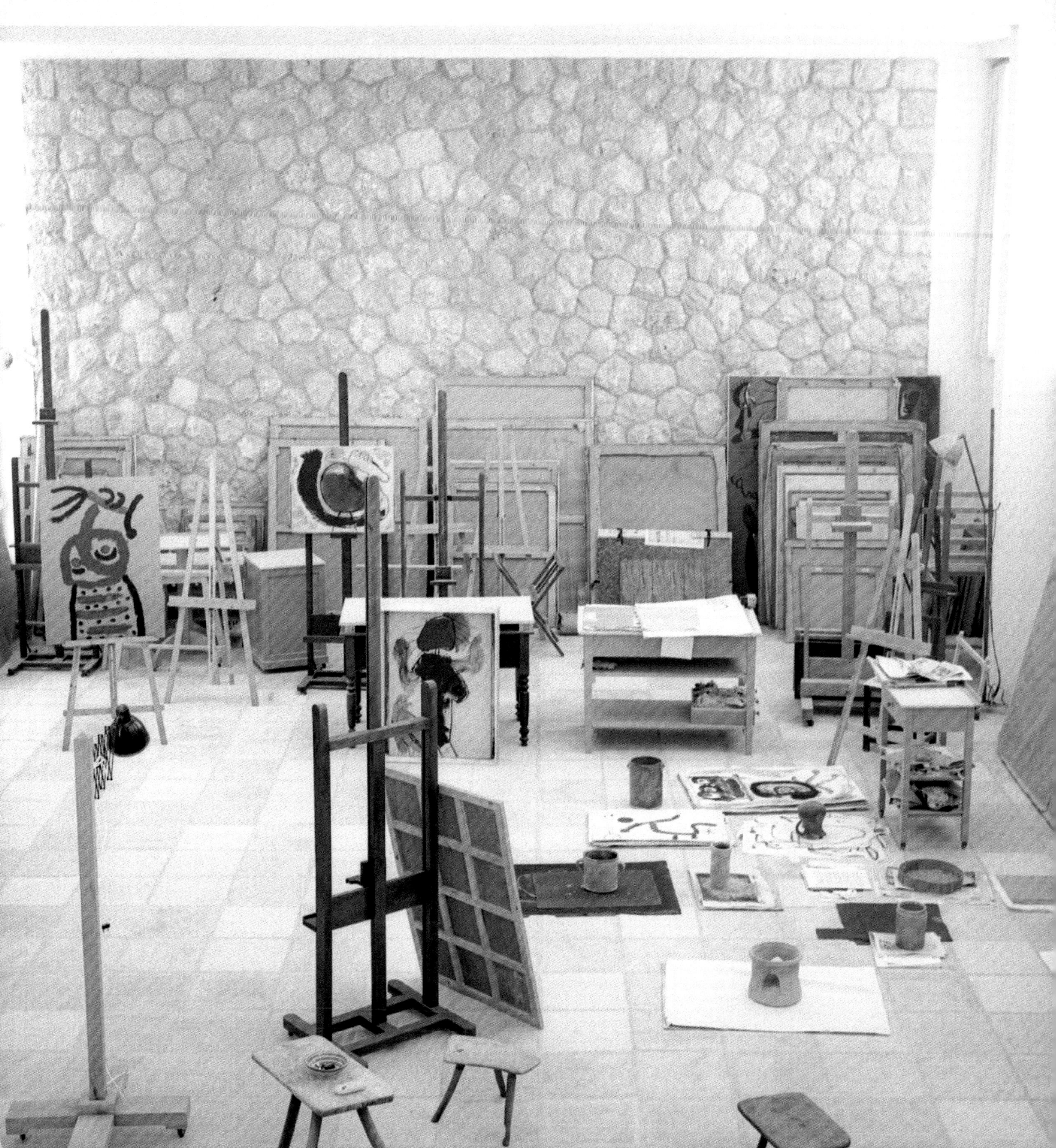

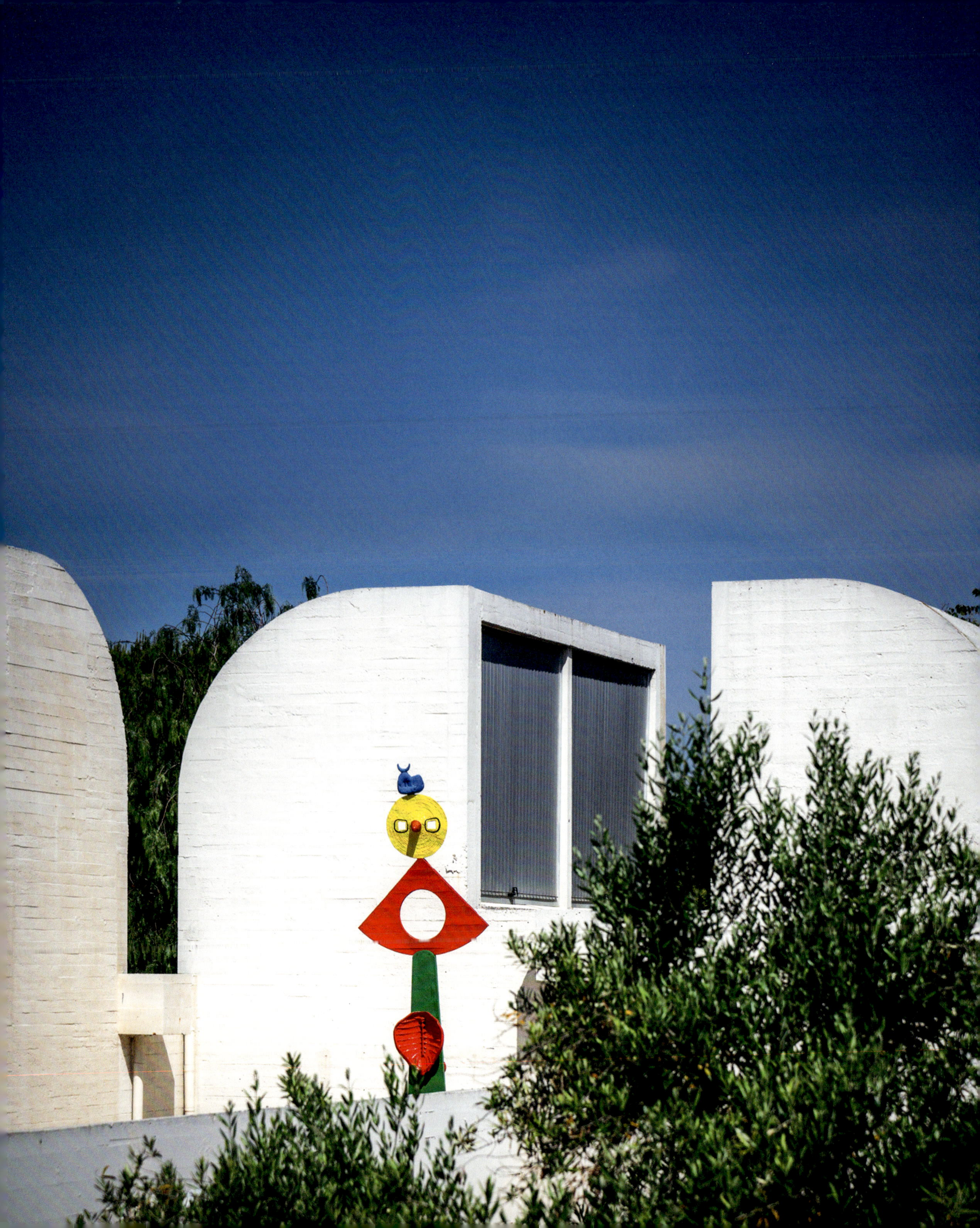

grote internationale prijs voor grafiek.
1956 Overzichtstentoonstelling in het Paleis voor Schone Kunsten in Brussel. Expositie *Terres de grand feu* met de nieuwste keramische werken van Miró en Artigas bij Galerie Maeght in Parijs en Pierre Matisse Gallery in New York. Besluit zich te vestigen in Palma, waar hij nu een groot nieuw atelier, Son Abrines, heeft dat is ontworpen door architect Josep Lluís Sert.
Begint met Artigas te werken aan de twee keramische muurschilderingen voor het hoofdkwartier van UNESCO in Parijs. De invloeden van prehistorische en romaanse kunst en Antoni Gaudí zijn cruciaal voor dit werk.
1959 Tweede overzichtstentoonstelling in het Museum of Modern Art in New York. Koopt Son Boter, een 18e-eeuws landhuis naast zijn huis en atelier in Palma, dat hij als tweede atelier zal gaan gebruiken.
1962 Overzichtstentoonstelling in het Musée National d'Art Moderne in Parijs. Expositie van de keramische werken van Artigas en Miró bij Galerie Maeght in Parijs en Pierre Matisse Gallery in New York.
1964 Opening van de Fondation Maeght in Saint-Paul-de-Vence, ontworpen door Josep Lluís Sert, en van het *Labyrint* aldaar met sculpturen van Miró en keramische werken van Miró en Artigas. Overzichtstentoonstelling in de Tate Gallery in Londen.
1966 Maakt zijn eerste monumentale bronzen sculpturen, *Oiseau solaire* (Zonnevogel) en *Oiseau lunaire* (Maanvogel), bij gieterij Susse in Arcueil. Eerste bezoek aan Japan.
1967 Ontvangt de Carnegie International Grand Prize.
1968 Laatste bezoek aan de Verenigde Staten. Ontvangt een eredoctoraat van Harvard University. Tijdens het

Fundació Joan Miró, Barcelona

Terres de grand feu exhibition, showing the latest ceramics by Miró and Artigas, at Galerie Maeght in Paris and at Pierre Matisse Gallery in New York.
Miró decides to settle down in Palma de Mallorca, where he now has a spacious new studio, Son Abrines, designed by architect Josep Lluís Sert.
He begins working with J. L. Artigas on the two ceramic murals for the UNESCO headquarters in Paris, where the influences of prehistoric and Romanesque art and of Antoni Gaudí are crucial to the work.
***1959** Second retrospective at the Museum of Modern Art in New York.*
He purchases Son Boter, an eighteenth-century country estate located next to his house and studio in Palma, which he will use as a second studio.
***1962** Retrospective at the Musée National d'Art Moderne in Paris.*
Exhibition of Artigas and Miró's ceramics at Galerie Maeght in Paris and Pierre Matisse Gallery in New York.
***1964** Inauguration of the Fondation Maeght, designed by Josep Lluís Sert, and of its Labyrinth, with sculptures by Miró and ceramics by Miró and Artigas, in Saint-Paul-de-Vence.*
Retrospective exhibition at Tate Gallery in London.
***1966** Miró produces his first monumental bronze sculptures, Sun bird and Moon bird, at the Susse foundry in Arcueil.*
He visits Japan for the first time.
***1967** He is awarded the Carnegie International Grand Prize.*
***1968** Last visit to the United States. He is awarded an honorary degree by Harvard*

zogenaamde 'Miró-jaar' in Barcelona, georganiseerd met steun van het stadsbestuur, worden ter ere van de 75ste verjaardag van de kunstenaar verschillende activiteiten rond zijn werk georganiseerd.
1969 Overzichtstentoonstelling in het Haus der Kunst in München.
Tweede bezoek aan Japan, waar hij in opdracht een muurschildering maakt voor het Gaspaviljoen op de Wereldtentoonstelling in Osaka.
1972 Sculptuurexpositie bij Hayward Gallery in Londen.
Tentoonstelling *Joan Miró: Magnetic Fields* in het Solomon R. Guggenheim Museum in New York.
1973 Ter ere van Miró's tachtigste verjaardag worden exposities gehouden bij Galerie Maeght in Parijs, de Fondation Maeght in Saint-Paul-de-Vence, het Museum of Modern Art in New York en de Architectenvereniging in Palma.
1974 Overzichtstentoonstelling in het Grand Palais in Parijs.
1975 In Barcelona opent de Fundació Joan Miró, ontworpen door Josep Lluís Sert, zijn deuren. Schenkt een groot deel van zijn persoonlijke collectie aan de Fundació. Generaal Franco overlijdt.
1978 Overzichtstentoonstelling in het Museo Español de Arte Contemporáneo in Madrid. Onthulling van de monumentale sculptuur *Couple d'amoureux aux jeux de fleurs d'amandier* (Verliefd stel dat speelt met amandelbloesems) voor La Défense in Parijs.
1980 Koning Juan Carlos I van Spanje verleent Miró de Gouden medaille voor verdienste op het gebied van de schone kunsten.
1982 Installatie van de monumentale sculpturen *Dona i Ocell* (Vrouw en vogel) in het Parc de Joan Miró in Barcelo-

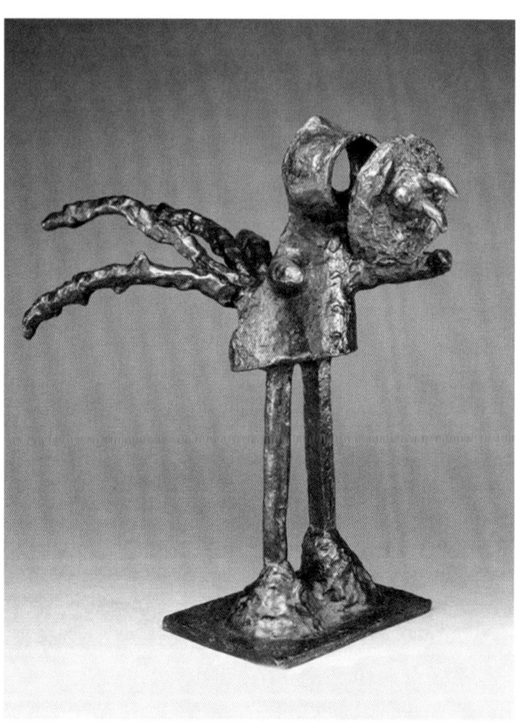

Coq / Rooster, 1970, brons / *bronze*, 53 cm.

University. During the so-called 'Miró Year' in Barcelona, held with support from the City Council, several activities are organized focusing on the artist's work in honour of his seventy-fifth birthday.
1969 *Retrospective at the Haus der Kunst in Munich.*
Second visit to Japan, where he has been commissioned to paint a mural for the Gas Pavilion at the Osaka World's Fair.
1972 *Sculpture exhibition at Hayward Gallery in London.*
Joan Miró: Magnetic Fields exhibition at the Solomon R. Guggenheim Museum in New York.
1973 *To celebrate Miró's eightieth birthday, exhibitions are held at Galerie Maeght in Paris, the Fondation Maeght in Saint-Paul-de-Vence, the Museum of Modern Art in New York and the Archi-*

na en *Personnage et oiseaux* (Personage en vogels) bij de Texas Commerce Bank in Houston.
1983 Tentoonstellingen in het Museum of Modern Art in New York en de Fundació Joan Miró in Barcelona ter ere van Miró's negentigste verjaardag.
Overlijdt op 25 december in Palma en wordt begraven op het kerkhof van Montjuïc in Barcelona.

tects' Association in Palma.
1974 *Miró retrospective at the Grand Palais in Paris.*
1975 *The Fundació Joan Miró, designed by Josep Lluís Sert, opens its doors in Barcelona. The artist donates a large part of his personal collection to the foundation. General Franco dies.*
1978 *Retrospective at the Museo Español de Arte Contemporáneo in Madrid. Inauguration of the monumental sculpture Pair of lovers playing with almond blossoms in La Défense, in Paris.*
1980 *King Juan Carlos I of Spain grants Miró the Gold Medal for Merit in Fine Arts.*
1982 *Installation of the monumental sculptures Woman and Bird at the Joan Miró Park in Barcelona and Personage and birds at the Texas Commerce Bank in Houston.*
1983 *Exhibitions at the Museum of Modern Art in New York and the Fundació Joan Miró in Barcelona in celebration of Miró's ninetieth birthday.*
On 25 December, Joan Miró dies in Palma. He is buried in the Montjuïc cemetery in Barcelona.

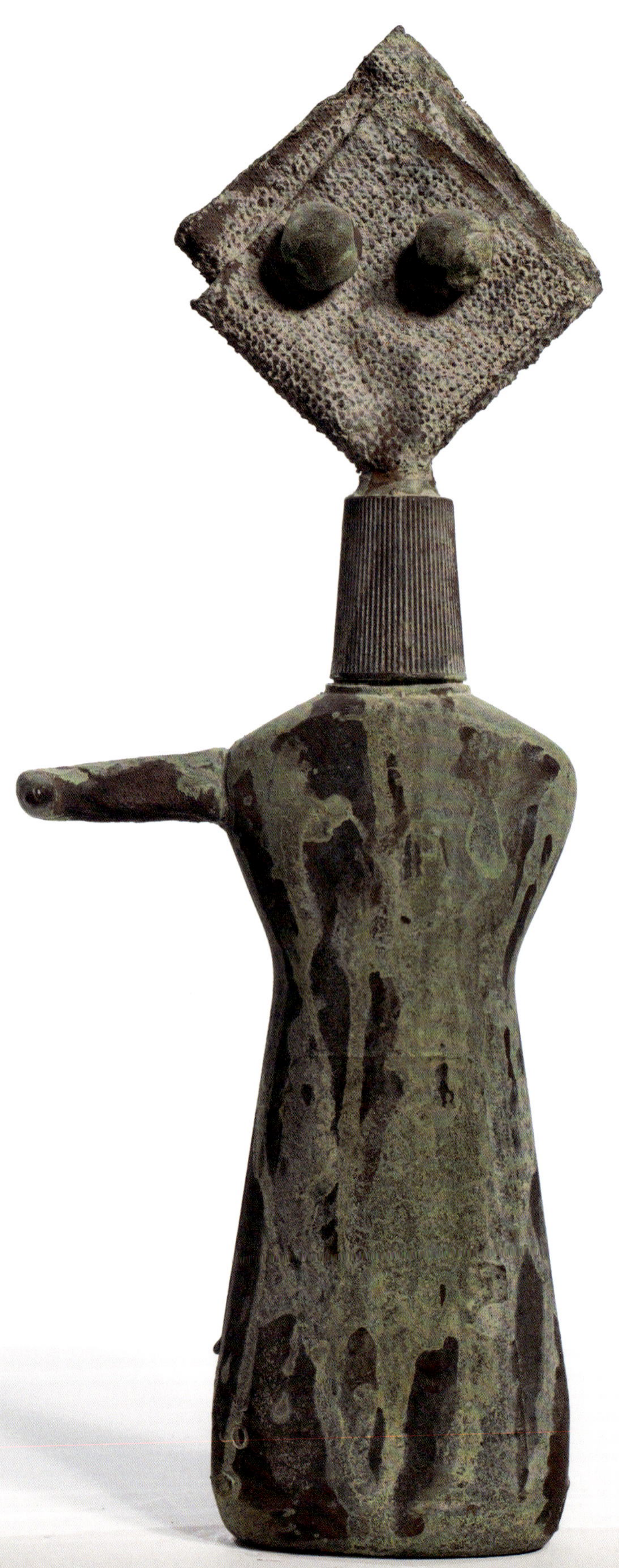

Femme / Woman, 1971, brons / *bronze*, 35 x 13 x 6,2 cm.

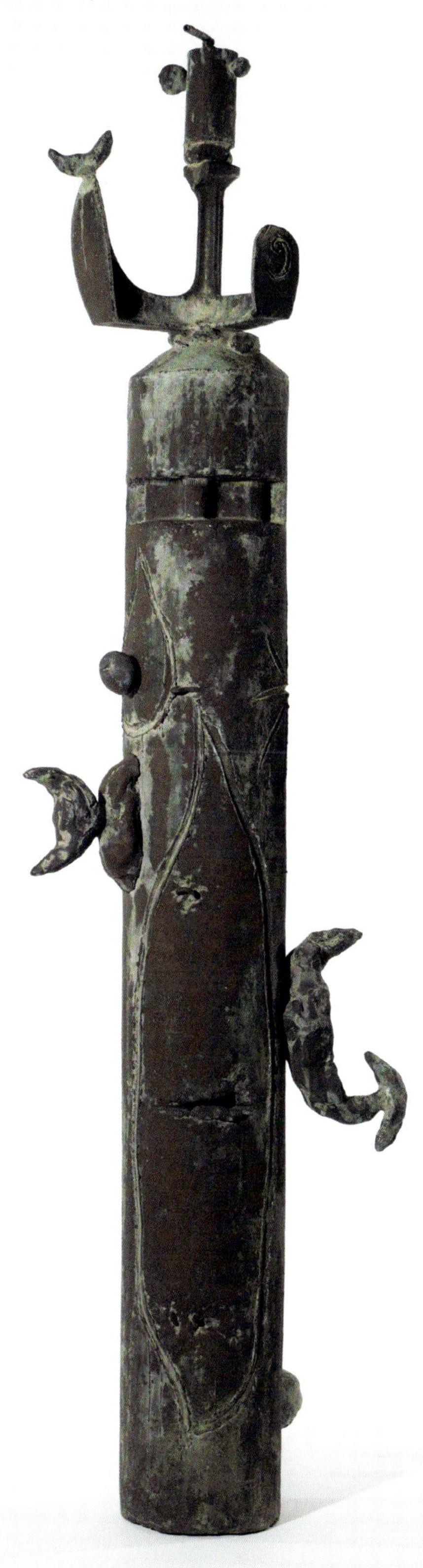

Femme / Woman, 1971, brons/*bronze*, 139,5 x 41 x 16 cm.

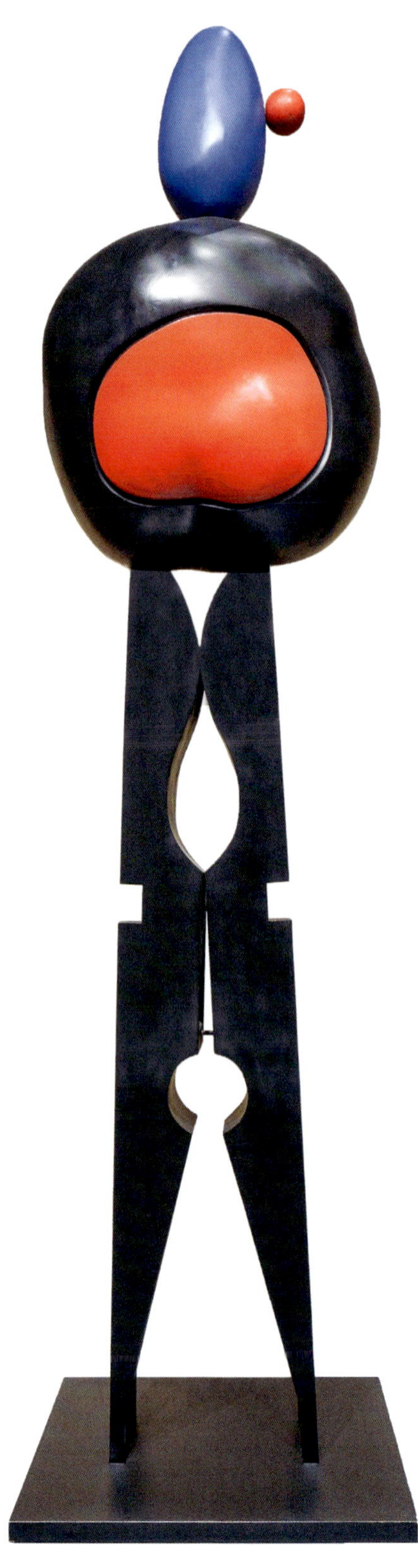

Personnage / Figure, 1974, beschilderde synthetische hars / *painted synthetic resin*, 359 x 95 x 95 cm.

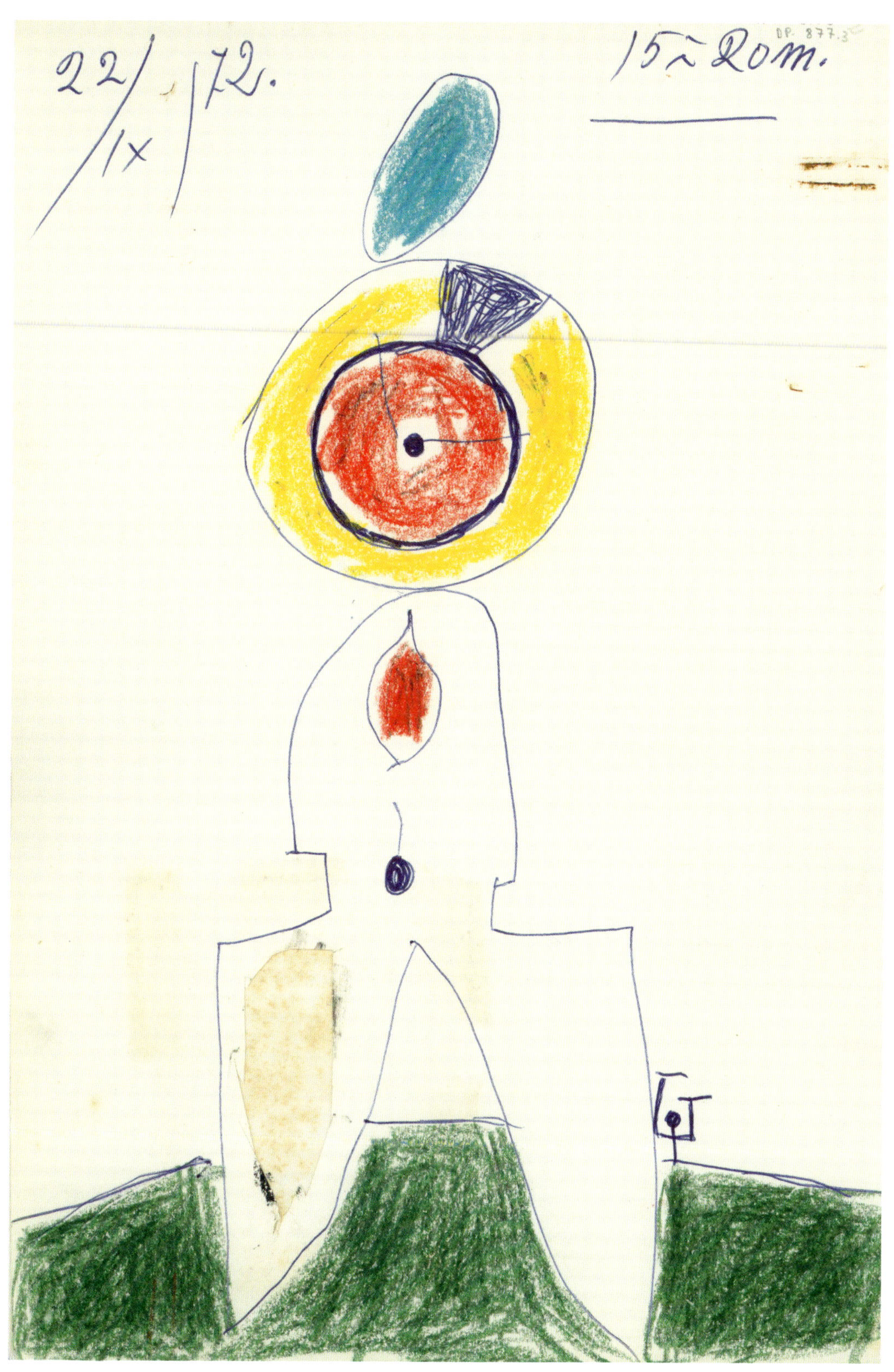

Tekening zonder titel / *Untitled drawing*, september 22, 1972, Balpen en wax kleur op papier / *Ballpoint pen and wax color on paper* (Schetsboek/*sketchbook* Q VI), 29.5 x 19.7 cm.

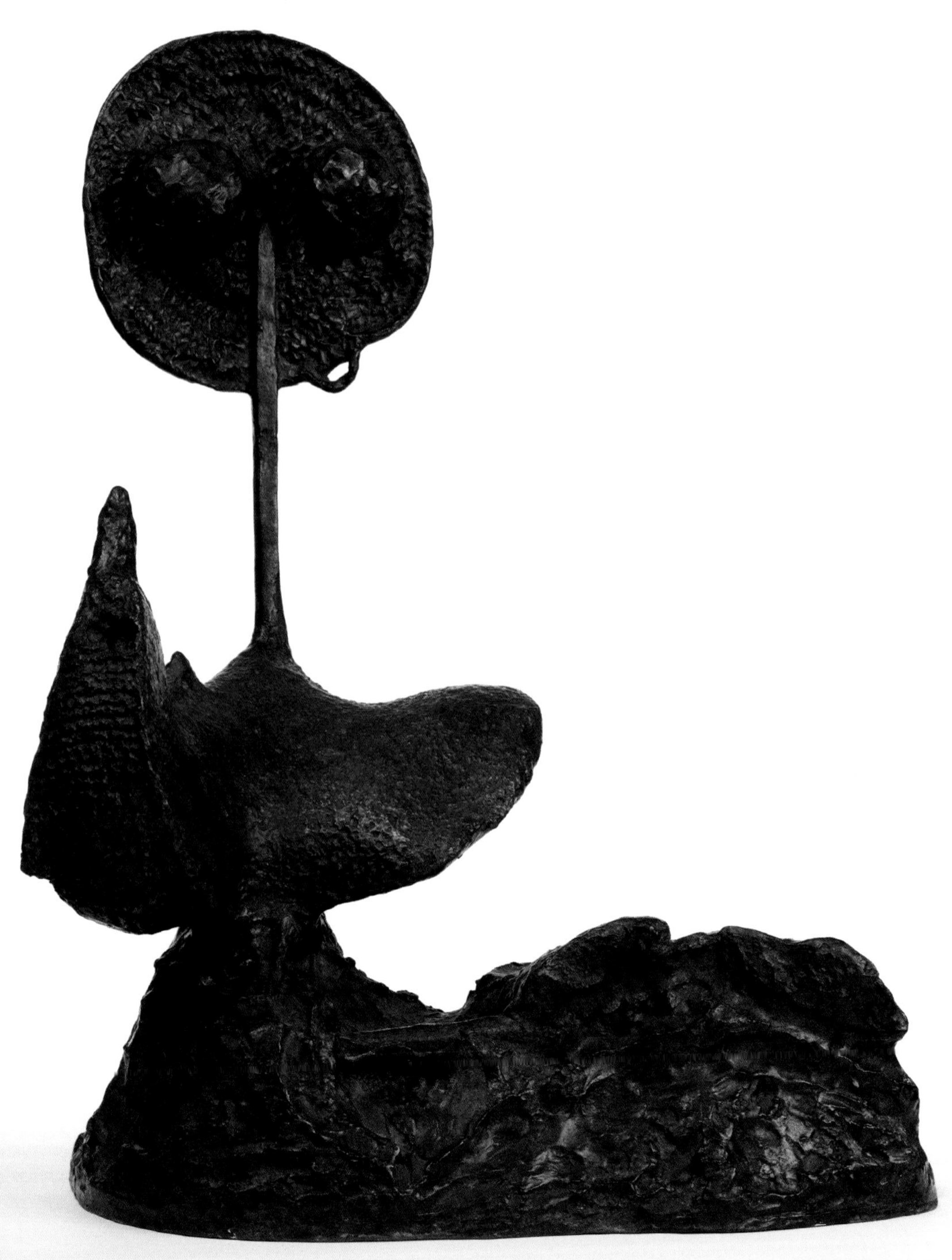

Oiseau sur un rocher / Bird on a rock, 1971, brons / bronze, 65 x 50,2 x 27 cm.

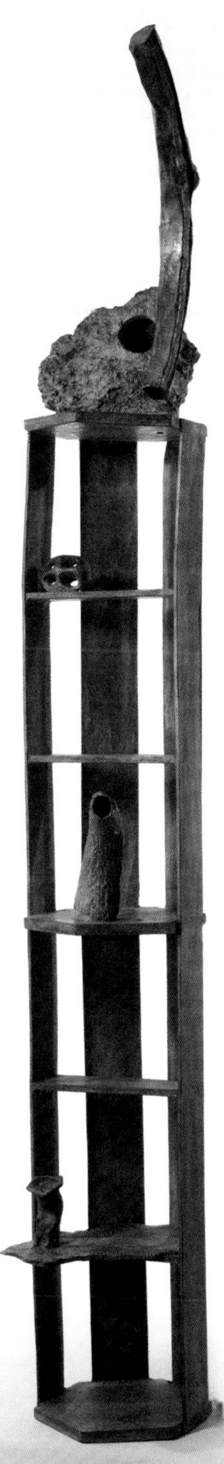

Projet pour un monument / Project for a monument, 1971, brons / *bronze*, 175,5 x 24 x 37 cm.

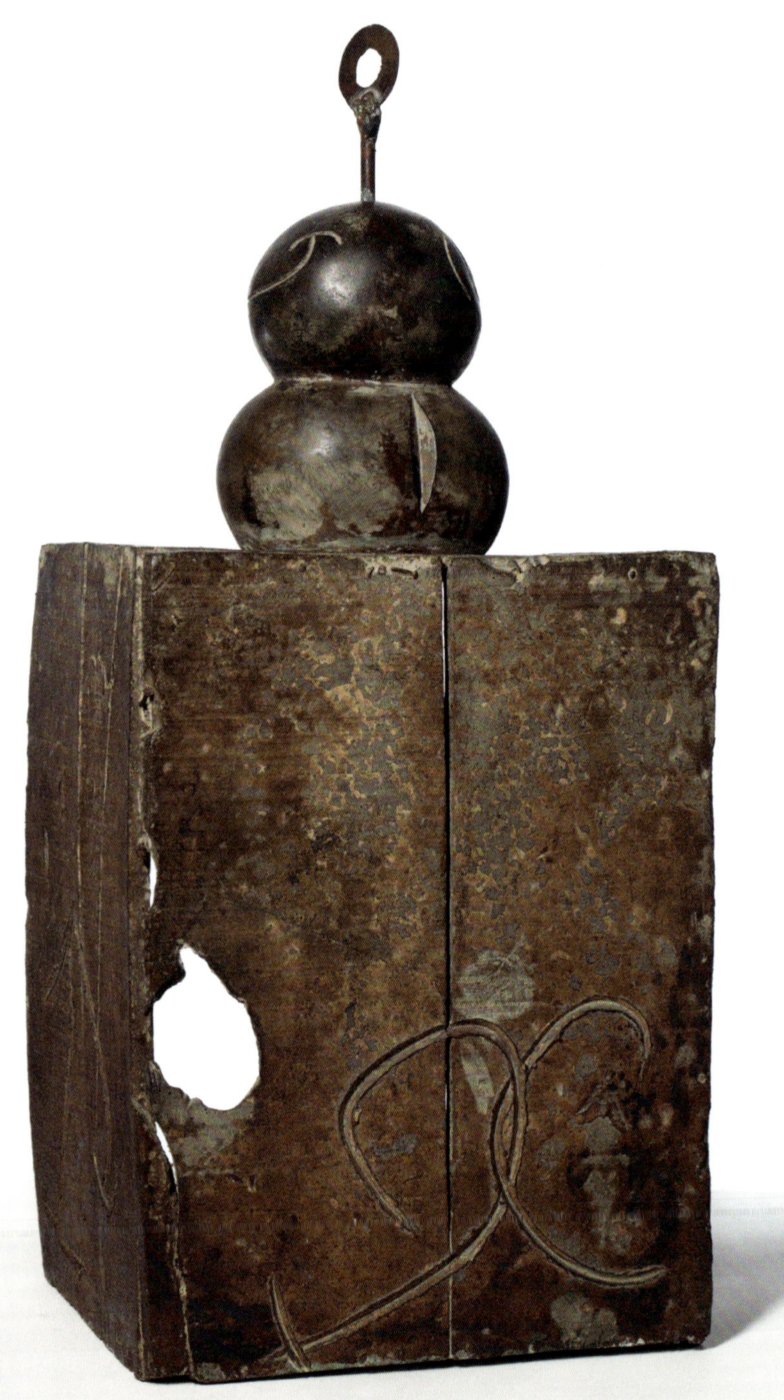

Femme / Woman, 1968, brons/*bronze*, 69 x 33,5 x 23,7 cm.

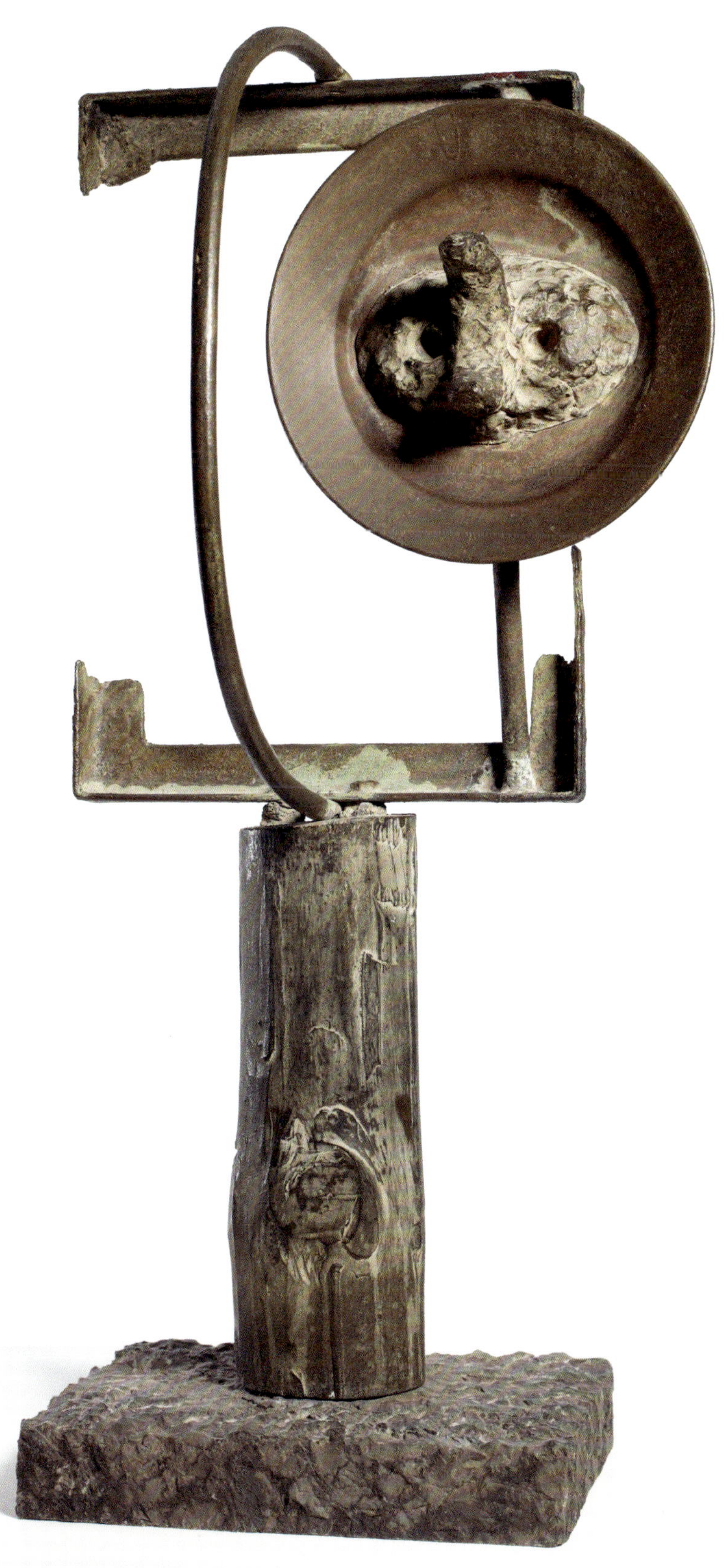

Tête dans la nuit / Head in the night, 1968, brons/*bronze*, 67 x 35 x 30 cm.

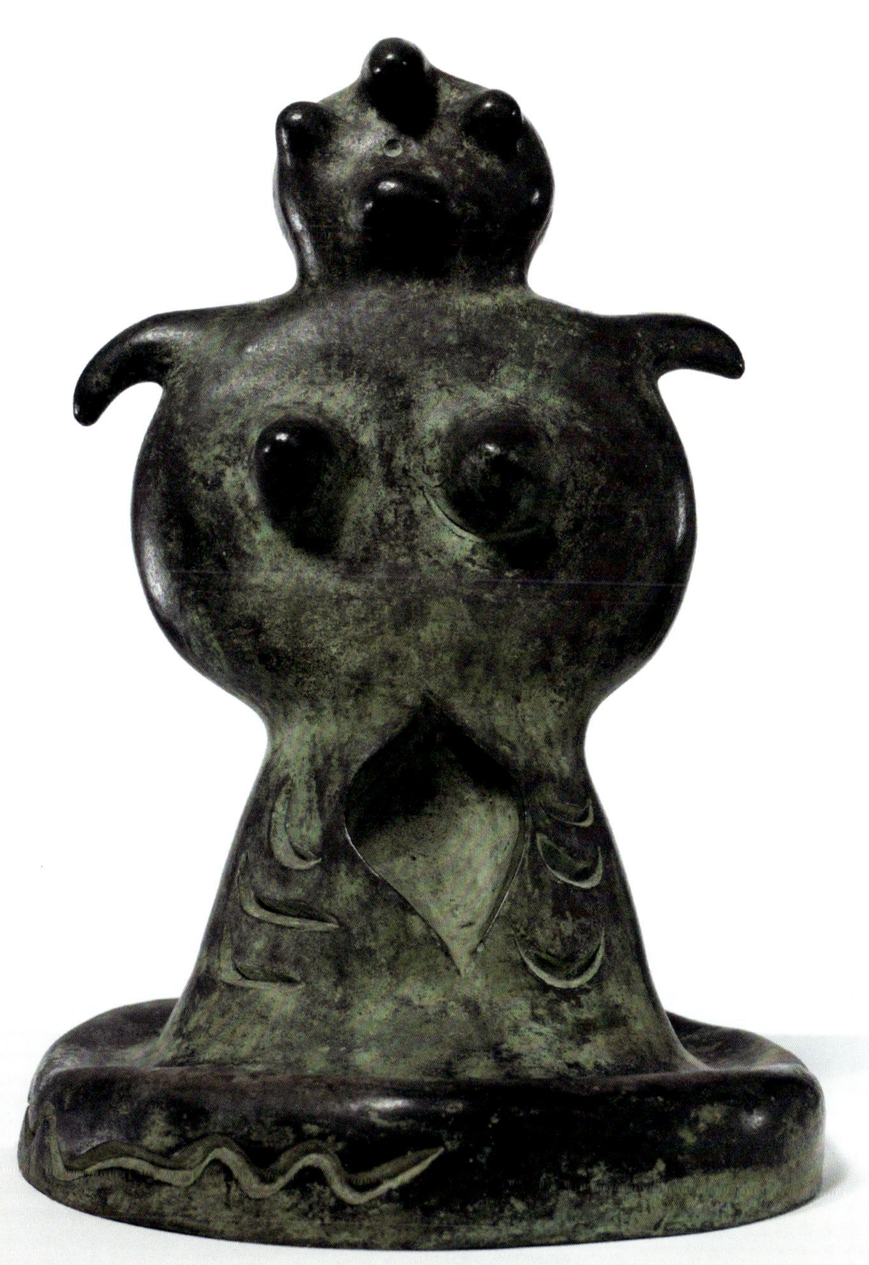

Femme / Woman, 1949, brons / *bronze*, 31,3 x 23,4 x 23,4 cm.

Noten

Van een eigen mythologie tot de schepping van een nieuwe wereld: Joan Miró's sculpturen en creatieve proces

1 Yvon Taillandier. 'Miró: Now I work on the floor' in *XXe Siècle*, Parijs 1974, in Margit Rowell (red.). *Joan Miró. Selected writings and interviews*. Boston: G. K. Hall & Co., 1986, p. 282.
2 '[...] Ik hecht steeds meer belang aan de materialen die ik in mijn werk gebruik. Een rijk en krachtig materiaal lijkt me noodzakelijk om de toeschouwer de klap in het gezicht te geven die nodig is om tot bezinning te komen.' Georges Duthuit. 'Dónde va usted, Miró' in *Cahiers d'Art*, nr. 8-10, Parijs 1936, in *Rowell* (red.) 1986, op. cit., p. 151.
3 Working notes, 1941-1942, 'Sculpture and studio (I)', in Rowell (red.) 1986, op. cit., p. 175.
4 'Working notes, 1941-1942, Sculpture and studio (I)', in Rowell (red.) 1986, op. cit., p. 175.
5 'Interview with Georges Charbonnier', Franse nationale radio, Parijs 1951, in Rowell (red.), op. cit., p. 221.
6 'Interview with Georges Charbonnier', Franse nationale radio, Parijs 1951, in Rowell (red.), op. cit., p. 221.
7 Rosamond Bernier. 'Miró as ceramist'. L'Oeil, nr. 17, Parijs 1956, in Rowell (red.) 1986, op. cit., p. 234.
8 'Working notes, 1941-1942, Sculpture and studio (II)', in Rowell (red.) 1986, op. cit., p. 271.
9 Rosamond Bernier. 'Miró as ceramist'. L'Oeil, nr.

Notes

From a mythology of his own to the creation of a new world: Joan Miró's sculpture and creative process.

1 Yvon Taillandier. 'Miró: Now I work on the floor' in XXe Siècle*, Paris, 1974, in Margit Rowell (ed.).* Joan Miró. Selected writings and interviews. *Boston: G. K. Hall & Co., 1986, p. 282.*
2 '[...] I give greater and greater importance to the materials I use in my work. A rich and vigorous material seems necessary to me in order to give the viewer that smack in the face that must happen before reflection intervenes.' Georges Duthuit. 'Dónde va usted, Miró' in Cahiers d'Art, *no 8-10, Paris 1936, in Rowell (ed.) 1986, op. cit., p. 151.*
3 Working notes, 1941-1942, 'Sculpture and studio (I)', in Rowell (ed.) 1986, op. cit., p. 175.
4 Working notes, 1941-1942, 'Sculpture and studio (I)', in Rowell (ed.) 1986, op. cit., p. 175.
5 'Interview with Georges Charbonnier', French National Radio, Paris, 1951, in Rowell (ed.), op. cit., p. 221.
6 'Interview with Georges Charbonnier', French National Radio, Paris, 1951, in Rowell (ed.), op. cit., p. 221.
7 Rosamond Bernier. 'Miró as ceramist'. L'Oeil, no 17, Paris 1956, in Rowell (ed.) 1986, op. cit., p. 234.
8 Working notes, 1941-1942, 'Sculpture and studio (II)', in Rowell (ed.) 1986, op. cit., p. 271.
9 Rosamond Bernier. 'Miró as ceramist'. L'Oeil, no

17, Parijs 1956, in Rowell (red.) 1986, op. cit., p. 236.

10 Brief van Joan Miró aan Pierre Matisse. Palma de Mallorca, 14 oktober 1964, in Sclaunick, Élisa. *Pierre Matisse et Joan Miró. Ouvrir le feu. Correspondance croisée 1933-1983*. Straatsburg: L'Atelier contemporain, 2019, p. 519.

11 Voorbereidende schets voor Figure, 1949. Archief Fundació Joan Miró, Barcelona. Inv.nr: FJM 3517.

12 Voorbereidende schetsen voor Femme, 1970. Archief Fundació Joan Miró, Barcelona. Inv.nr.: FJM 4002.

13 Voorbereidende schetsen voor Déesse, 1970, Buste d'une femme, 1973, en Tête, 1973. Archief Fundació Joan Miró, Barcelona. Inv.nr.: FJM 3994.

14 'Working notes, 1941-1942, Sculpture and studio (I)', in *Rowell* (red.) 2002, op. cit., p. 175.

15 Brief van Joan Miró aan Josep Lluís Sert, New York, 14 oktober 1947, In Patricia Juncosa Vecchierini (red.), *Miró-Sert: segons ells mateixos: correspondència 1937-1980,* Murcia: Cendeac, Fundació Pilar i Joan Miró a Mallorca, 2008, p. 86.

16 Georges Raillard. *Conversaciones con Miró*. Barcelona: Gedisa, 1993, p. 217.

17 Raillard, op. cit., p. 42.

18 Georges Duthuit (1937). 'Cahiers d'art', in Rowell (red.), op. cit., p. 153.

Symbolen van een poëtisch universum.
De vormentaal van Joan Miró (1893 - 1983)

1 M. Rowell, ed., Joan Miró: *Selected Writings and Interviews*, London, 1987, p. 207

2 J. Clavero, *Joan Miró. Women, Birds, Stars*, 2013, p. 62

3 *Joan Miró, A Retrospective*, tent. cat., The Solomon R. Guggenheim Museum, New York, 1987, p. 33

4 J. Miró, 'Statement', in *XXe siècle*, Paris, June 1957 reproduced in M. Rowell, ed., *Joan Miró: Selected Writings and Interviews*, London, 1987, p. 240

5 Tent. cat. *The Art of Assemblage*, MOMA, 1961

6 B. Rose, Interview with Miró (Barcelona, 30 juni 1981), *Miró in America*. Houston: The Museum of Fine Arts, 1982, p.120

17, Paris 1956, in Rowell (ed.) 1986, op.cit., p. 236.

10 Letter from Joan Miró to Pierre Matisse. Palma de Mallorca, 14 October 1964, in Sclaunick, Élisa. Pierre Matisse et Joan Miró. Ouvrir le feu. Correspondance croisée 1933-1983. *Strasbourg: L'Atelier contemporain, 2019, p. 519.*

11 Preliminary drawing for Figure, 1949. Fundació Joan Miró Archives, Barcelona. Register number: FJM 3517.

12 Preliminary drawings for Woman, 1970. Fundació Joan Miró Archives, Barcelona. Register number: FJM 4002.

13 Preliminary drawings for Goddess, 1970, Woman's Bust, 1973 and Head, 1973. Fundació Joan Miró Archives, Barcelona. Register number: FJM 3994.

14 Working notes, 1941-1942, 'Sculpture and studio (I)', in Rowell (ed.) 2002, op. cit., p. 175.

15 Letter from Joan Miró to Josep Lluís Sert, New York, 14 October 1947, in Patricia Juncosa Vecchierini (ed.), Miró-Sert: segons ells mateixos: correspondència 1937-1980, *Murcia: Cendeac, Fundació Pilar i Joan Miró a Mallorca, 2008, p. 86.*

16 Georges Raillard. Conversaciones con Miró. *Barcelona: Gedisa, 1993, p. 217.*

17 Raillard, op. cit., p. 42.

18 Georges Duthuit (1937). 'Cahiers d'art', in Rowell (ed.) , op. cit., p. 153.

Symbols of a poetic universe.
The form language of Joan Miró (1893 - 1983)

1 M. Rowell, ed., Joan Miró: Selected Writings and Interviews, *London, 1987, p. 207*

2 J. Clavero, Joan Miró. Women, Birds, Stars, *2013, p. 62*

3 Joan Miró, A Retrospective, *exh. cat., The Solomon R. Guggenheim Museum, New York, 1987, p. 33*

4 J. Miró, 'Statement', in XXe siècle, *Paris, June 1957 reproduced in M. Rowell, ed.,* Joan Miró: Selected Writings and Interviews, *London, 1987, p. 240*

5 exh. cat. The Art of Assemblage, *MOMA, 1961*

6 B. Rose, Interview with Miró (Barcelona, 30 June 1981), Miró in America. *Houston: The Museum of Fine Arts, 1982, p.120*

Lijst van tentoongestelde werken

List of exhibited works

Tête Multicolore / Multi-colored head, 1943 - 1946, aardewerk / *ceramic*, 17 x 44 x 10 cm, collectie Design Museum Den Bosch / NL, inv.nr: K1993.109, p. 19.
Personnage / Figure, 1945, vuurvaste klei / *refractory clay*, 19 x 26,4 x 22,3 cm, Fundació Joan Miró, Barcelona, Inv.nr: FJM 7240, p. 2. "
Solar bird, 1946, brons / *bronze*, 13.65 x 11.11 x 18.73 cm, Don Quixote Collection, p. 6.
Lunar Bird, 1946, brons / *bronze*, 19.05 x 17.46 x 18.41 cm, Don Quixote Collection, p. 7.
Personnage / Figure, 1949, koper / *copper*, 18,8 x 26,4 x 22,4 cm, Fundació Joan Miró, Barcelona, Inv.nr: FJM 7239, p. 4.
Femme / Woman, 1949, brons / *bronze*, 31,3 x 23,4 x 23,4 cm, Fundació Joan Miró, Barcelona, Inv.nr: FJM 7242, p. 120.
Plaster model for Tête / Plaster model for head of woman, 1950, gips / *plaster*, 148 x 93 x78 cm, Fundació Joan Miró, Barcelona, inv.nr: 18363, p. 60.
Tête / Head, 1950, brons / *bronze*, 35 x 22 x 18,5 cm, Fundació Joan Miró, Barcelona, Inv.nr: FJM 7384, p. 63.
Tête carrée / Square head, 1955 - 1956, aardewerk / *ceramic*, 8 x 29 x 33 cm, collectie Design Museum Den Bosch / NL, inv.nr: K1995.046, p. 18.
Tête de femme / Head of a woman, 1966, brons / *bronze*, 11 x 8,5 x 6 cm, Fundació Joan Miró, Barcelona, Inv.nr: FJM 7254, p. 41.
Femme / Woman, 1966, brons / *bronze*, 30,4 x 25,8 x 14,3 cm, Fundació Joan Miró, Barcelona, Inv.nr: 7299, p. 42.
Personnage et oiseau / Personage and bird, 1966, brons / *bronze*, 47 x 26 x 21,8 cm, Fundació Joan Miró, Barcelona, Inv. nr: FJM 7259, p. 88.
Tête et oiseau / Head and bird, 1967, brons / *bronze*, 62 x 81 x 21,5 cm, Collection Fondation Marguerite et Aimé Maeght, St-Paul-de-Vence (France), Inv. nr: 0031, p.35.

Femme dans la nuit / Woman in the night, 1967, brons/*bronze*, 63,2 x 27,6 x 14,5 cm, Fundació Joan Miró, Barcelona, Inv.nr: FJM 7262, p. 40.
Personnage / Personage, 1967, beschilderd brons/*painted bronze*, 218 x 47 x 41,5 cm, Fundació Joan Miró, Barcelona, Inv.nr: FJM 7269, p. 68.
Femme et oiseau / Woman and bird, 1967, beschilderd brons/*painted bronze*, 120 x 48,2 x 45 cm, Fundació Joan Miró, Barcelona, Inv.nr: FJM 8647, p. 69.
Personnage / Personage, 1967, beschilderd brons/*painted bronze*, 160 x 63,5 x 11 cm, Fundació Joan Miró, Barcelona, Inv.nr: FJM 7273, p. 71.
Torse de femme / Female torso, 1967, brons/*bronze*, 50 x 31 x 21,5 cm, Collection Fondation Marguerite et Aimé Maeght, St-Paul-de-Vence (France), Inv. nr: INV0024, p. 93.
Personnage et oiseau / Figure and bird, 1967, brons/*bronze*, 43 x 33 x 17 cm, Collection Fondation Marguerite et Aimé Maeght, St-Paul-de-Vence (France), Inv. nr: INV0020, p. 94.
Personnage / Figure, 1968, brons/*bronze*, 43 x 20,5 x 16,2 cm, Fundació Joan Miró, Barcelona, Inv.nr: FJM 7289 , p. 98.
Femme / Woman, 1968, brons/*bronze*, 69 x 33,5 x 23,7 cm, Fundació Joan Miró, Barcelona, Inv.nr: FJM 7293, p. 118.
Tête dans la nuit / Head in the night, 1968, brons/*bronze*, 67 x 35 x 30 cm, Fundació Joan Miró, Barcelona, Inv.nr: FJM 7286, p. 119.
Projet pour un monument / Project for a monument, 1969, brons/*bronze*, 53 x 11,4 x 15 cm, Fundació Joan Miró, Barcelona, Inv.nr: FJM 7306, p. 20.
Monument dressé en plein océan à la gloire du vent / Monument raised in the ocean to the glory of the wind, 1969, brons/*bronze*, 132,5 x 63 x 18 cm, Fundació Joan Miró, Barcelona, Inv.nr: FJM 7308, p. 21.
Maternité / Maternity, 1969, brons/*bronze*, 77,2 x 43,4 x 28,5 cm, Fundació Joan Miró, Barcelona, Inv.nr: FJM 7314, p. 22.
L'équilibriste / The tightrope walker, 1969, brons/*bronze*, 91 x 39 x 13 cm, Collection Fondation Marguerite et Aimé Maeght, St-Paul-de-Vence (France), Inv. Nr: INV0073, p. 31.
Femme / Women, 1969, brons/*bronze*, 83 x 49 x 50 cm, Collection Fondation Marguerite et Aimé Maeght, St Paul-de-Vence (France), Inv.nr: INV0090, p. 34.
L'oiseau se niche sur les doigts en fleurs / The bird nests in bloom fingers, 1969, brons/*bronze*, 80,5 x 45 x 27,5 cm, Fundació Joan Miró, Barcelona, Inv.nr: FJM 7313, p. 45.
Jeune fille rêvant de l'évasion / Young girl dreaming of escape, 1969, brons/*bronze*, 101 x 22,5 x 23,2 cm, Fundació Joan Miró, Barcelona, Inv.nr: FJM 7356, p. 62.
Tête / Head, 1969, brons/*bronze*, 55,2 x 30 x 10,5 cm, Fundació Joan Miró, Barcelona, Inv.nr: FJM 7331, p. 74.
Personnage / Figure, 1969, brons/*bronze*, 146,5 x 40 x 32,3 cm, Fundació Joan Miró, Barcelona, Inv.nr: FJM 7321, p. 87.
Torse / Model for torso, 1969, gips/*plaster*, 185 x 130 x 130 cm, Fundació Joan Miró, Barcelona, Inv.nr: FJM 15471, p. 92."
Monsieur et madame / Sir and Madam, 1969, beschilderd brons/*painted bronze*, 100 x 31 x 31 cm; 68 x 38 x 38 cm, Collectie Museum Boijmans Van Beuningen, Rotterdam, Inv.nr: BEK 1541 a-b (MK), p. 96.
Personnage / Figure, 1969, brons/*bronze*, 23,2 x 8 x 8 cm, Fundació Joan Miró, Barcelona, Inv.nr: FJM 7305, p. 99.
Constellation silencieuse / Silent constellation, 1970, brons/*bronze*, 69 x 36 x 15 cm, Collection Fondation MarLgue-

rite et Aimé Maeght, St-Paul-de-Vence (France), Inv.nr: INV0024, p. 32.

Monument / Monument, 1970, brons /*bronze*, 250 x 100 x 50 cm, Collection Fondation Marguerite et Aimé Maeght, St-Paul-de-Vence (France), Inv. nr: INV0094, p.33.

Personnage et oiseau / Personage and bird, 1970, brons/*bronze*, 153 x 115 x 42 cm, Fundació Joan Miró, Barcelona, Inv.nr: FJM 7333, p. 55.

Le Guerrier / The warrior, 1970, brons /*bronze*, 78 x 32,7 x 15,9 cm, Fundació Joan Miró, Barcelona, Inv.nr: FJM 7297, p. 58.

Femme / Woman, 1970, brons/*bronze*, 305 x 71 x 64 cm, Fundació Joan Miró, Barcelona, Inv.nr: FJM 13005, p. 59.

Femme / Woman, 1970, brons/*bronze*, 91 x 39,7 x 25,3 cm, Fundació Joan Miró, Barcelona, Inv.nr: FJM 7323, p. 66.

Coq / Rooster, 1970, brons/*bronze*, 53 cm, Don Quixote Collection, p. 110.

Personnage et oiseau / Personage and bird, 1971, brons/*bronze*, 44 x 19 x 15,3 cm, Fundació Joan Miró, Barcelona, Inv.nr: FJM 7345, p. 95.

Femme / Woman, 1971, brons/*bronze*, 56,3 x 33,3 x 30,7 cm, Fundació Joan Miró, Barcelona, Inv.nr: FJM 7360, p. 100.

Femme / Woman, 1971, brons/*bronze*, 35 x 13 x 6,2 cm, Fundació Joan Miró, Barcelona, Inv.nr: FJM 7346, p. 112.

Femme / Woman, 1971, brons/*bronze*, 139,5 x 41 x 16 cm, Fundació Joan Miró, Barcelona, Inv.nr: FJM 7358, p. 113.

Oiseau sur un rocher / Bird on a rock, 1971, brons/*bronze*, 65 x 50,2 x 27 cm, Fundació Joan Miró, Barcelona, Inv.nr: FJM 7364, p. 116.

Projet pour un monument / Project for a monument, 1971, brons/*bronze*, 175,5 x 24 x 37 cm, Fundació Joan Miró, Barcelona, Inv.nr: FJM 7366, p. 117.

Femme, oiseau / Woman, bird, 1972, brons/*bronze*, 51,5 x 21 x 14,5 cm, Fundació Joan Miró, Barcelona, Inv.nr: FJM 7368, p. 101.

Femmes et oiseaux / Women and birds, 1973, brons/*bronze*, 80 x 60 x 50 cm, Collection Fondation Marguerite et Aimé Maeght, St-Paul-de-Vence (France), Inv.nr: INV0152, p. achterzijde.

Personnage / Figure, 1974, brons/*bronze*, 64 x 48 x 38 cm, Collection Fondation Marguerite et Aimé Maeght, St-Paul-de-Vence (France), Inv. nr: INV0156, p. 30.

Chien / Dog, 1974, brons/*bronze*, 32 x 43,5 x 25 cm, Collection Fondation Marguerite et Aimé Maeght, St-Paul-de-Vence (France), Inv.nr: INV0157, p. 36.

Personnage / Figure, 1974, beschilderde synthetische hars/*painted synthetic resin*, 359 x 95 x 95 cm, Collection of Contemporary Art "la Caixa" Foundation, Inv.nr: PC9001, p. 114.

Couple d'amoureux aux jeux de fleurs d'amandier / Pair of Lovers playing with almond blossom, 1975, beschilderde synthetische hars/*painted synthetic resin*, 299,5 x 160 x 140 cm, Fundació Joan Miró, Barcelona, Inv.nr: C 7380-7381, p. 38-39.

Personnage / Figure, 1981, brons/*bronze*, 88,5 x 62,5 x 47,5 cm, Fundació Joan Miró, Barcelona, Inv.nr: FJM 12903, p. 72."

Le Roi-guerrier / The warrior king, 1981, brons/*bronze*, 120 x 57,5 x 57,5 cm, Fundació Joan Miró, Barcelona, Inv.nr: FJM 12904, p. 73.

Fotoverantwoording

Photocredits

Cover: Foto/*photo*: Francesc Català Roca , Fons Francesc Català Roca, © Successió Català Roca, VEGAP, Barcelona, 2024 (ANC1-1453-N-B23637).
P. 1, 27, 102, 104: Successió Miró Archive P. 2, 4, 20, 21, 22, 38, 39, 40, 41, 42, 45, 55, 58, 59, 60, 62, 63, 66, 68, 69, 71, 73, 74, 87, 88, 92, 95 (en voorflap omslag), 98, 99, 100, 101, 108, 112, 113, 116, 117, 118, 119, 120: Fundació Joan Miró, Barcelona.
P. 6: Joaquim Gomis i Serdañons, *Ocell, Solar*, 1945. Deposited at the Arxiu Nacional de Catalunya. © Hereus de Joaquim Gomis. Fundació Joan Miró, Barcelona, 2024.
P. 7: Joaquim Gomis i Serdañons, *Ocell, Lunar*, 1945. Deposited at the Arxiu Nacional de Catalunya. © Hereus de Joaquim Gomis. Fundació Joan Miró, Barcelona, 2024.
P. 9: Foto/*photo*: Claude Gaspari, Fundació Joan Miró, Barcelona, Inv. nr: FJM 04047.
P. 13: Foto/*photo*: Fransesc Català-Roca, Fons Francesc Català Roca, © Successió Català Roca, VEGAP, Barcelona, 2024 (ANC1-1453-N-B21158).
P. 14: Foto/*photo*: Francesc Català-Roca, Fons Francesc Català Roca, © Successió Català Roca, VEGAP, Barcelona, 2024 (ANC1-1453-N-B25033).
P. 16-17: Studio Gerrit Schreurs.
P. 18: Foto/*photo*: René Mesman. Collectie Design Museum Den Bosch/NL.
P. 19: Collectie Design Museum Den Bosch/NL.
P. 28-29: Archives Fondation Maeght, Saint-Paul-de-Vence (France).
P. 30, 31, 32, 33, 34, 35, 36, 93 (en achterflap omslag), 94: Foto/*photo*: Claude Germain – Archives Fondation Maeght, Saint-Paul-de-Vence (France).
P. 47: Foto/*photo*: Joaquim Gomis i Serdañons, Fons Joaquim Gomis. Deposited at the Arxiu Nacional de Catalunya. © Hereus de Joaquim Gomis. Fundació Joan Miró, Barcelona, 2024 (Ref. 343502).
P. 48: Foto/*photo*: Joaquim Gomis i Serdañons, Fons Joaquim Gomis. Deposited at the Arxiu Nacional de Catalunya. © Hereus de Joaquim Gomis. Fundació Joan Miró, Barcelona, 2024 (Ref. 345229).
P. 50, 77, 103, 107: Foto/*photo*: Joaquim Gomis i Serdañons. Deposited at the Arxiu Nacional de Catalunya. © Hereus de Joaquim Gomis. Fundació Joan Miró, Barcelona, 2024.
P. 51: Foto/*photo*: Joaquim Gomis i Serdañons, Fons Joaquim Gomis. Deposited at the Arxiu Nacional de Catalunya. © Hereus de Joaquim Gomis. Fundació Joan Miró, Barcelona, 2024 (Ref. 384697).
P. 52, 60, 61, 64: Foto/*photo*: Joaquim Gomis i Serdañons, Fons Joaquim Gomis. Deposited at the Arxiu Nacional de Catalunya. © Hereus de Joaquim Gomis. Fundació Joan Miró, Barcelona, 2024.
P. 53: Travelview – stock.adobe.com
P. 56: Fundació Joan Miró, Barcelona, Inv. nr: FJM 4002.
P. 64: Foto/*photo*: Joaquim Gomis i Serdañons. Deposited at the Arxiu Nacional de Catalunya. © Hereus de Joaquim Gomis. Fundació Joan Miró, Barcelona, 2024 (ANC1-972-N-7891).
P. 65: Foto/*photo*: Claude Gaspari, Fundació Joan Miró, Barcelona, Inv. nr: FJM 03905A.
P. 70: Fundació Joan Miró, Barcelona, Inv.nr: FJM 4005-4006
P. 81-83: Collection Buffalo AKG Art Museum.
P. 84: Foto/*photo*: Francesc Català-Roca, Fons Francesc Català Roca, © Successió Català Roca, VEGAP, Barcelona, 2024 (ANC1-1453-N-B9998).
P. 89: Foto/*photo*: Joaquim Gomis i Serdañons, Gomis i Serdaño. Deposited at the Arxiu Nacional de Catalunya. © Hereus de Joaquim Gomis. Fundació Joan Miró, Barcelona, 2024 (ANC1-972-N-7889).
P. 90: Foto/*photo*: Joaquim Gomis i Serdañons, Gomis i Serdaño. Deposited at the Arxiu Nacional de Catalunya. © Hereus de Joaquim Gomis. Fundació Joan Miró, Barcelona, 2024.
P. 96: Museum Boijmans Van Beuningen, Rotterdam.
P. 97: Fundació Joan Miró, Barcelona, (schetsboek/*sketchbook* 'Escultures I' FJM 3534-3663), Inv. nr: FJM 3640-a.
P. 110: Don Quixote Collection.
P. 114: Collection of Contemporary Art "la Caixa" Foundation.
P. 115: Fundació Pilar i Joan Miró a Mallorca, Inv. nr: FPIJM DP - 0877 Q VI: p. 2, ©Successió Miró 2024.
Achterzijde: Foto/*photo*: Claude Germain – Archives Fondation Maeght, Saint-Paul-de-Vence (France).

Colofon / *Credits*
Deze uitgave verschijnt ter gelegenheid van de tentoonstelling: *Joan Miró – Sculptures* in museum Beelden aan Zee van 20 september 2024 tot en met 2 maart 2025.
This publication is published on the occasion of the exhibition: Joan Miró – Sculptures *in museum Beelden aan Zee from 20 September 2024 – 2 March 2025.*

Uitgave / *Publishers*
Waanders Uitgevers, Zwolle
Museum Beelden aan Zee, Den Haag

Auteurs / *Authors*
Joost Bergman, Brigitte Bloksma, Elena Escolar, Adrien Maeght en Ester Ramos.

Catalogus coördinator
Karlien Ritter

Beeld- en Tekstredactie / *Image and tekst editing*
Denise Hermanns

Redactie / *Editors*
Dick van Broekhuizen, Jaap van Buren

Vertaling / *Translation*
Phil Clarke (NL-ENG), Thea Wieteler (ENG-NL)

Ontwerp / *Design*
Bart van den Tooren

Video
Studio Gerrit Schreurs

Lithografie / *Lithography*
Benne Slijkhuis, Wilco Art Books

Druk / *Printing*
Wilco Art Books, Amersfoort

© 2024 Waanders Uitgevers b.v., Zwolle; museum Beelden aan Zee, Den Haag

Alle rechten voorbehouden. Niets uit deze uitgave mag worden verveelvoudigd, opgeslagen in een geautomatiseerd gegevensbestand, of openbaar gemaakt, in enige vorm of op enige wijze, hetzij elektronisch, mechanisch, door fotokopieën, opnamen, of enige andere manier, zonder voorafgaande schriftelijke toestemming van de uitgever.
All rights reserved. No part of the content of the book may be reproduced or transmitted in any form or by any means, electronic or mechanical, including photography, recording or any other information storage and retrieval system, without the prior written permission of the publisher.

De uitgever heeft ernaar gestreefd de rechten van de illustraties volgens wettelijke bepalingen te regelen. Degenen die desondanks menen zekere rechten te kunnen doen gelden, kunnen zich alsnog tot de uitgever wenden.
The publisher has made every effort to acknowledge the copyright of works illustrated in this book. Should any person, despite this, feel that an omission has been made, they are requested to inform the publisher of this fact.

Van werken van beeldend kunstenaars, aangesloten bij een CISAC-organisatie is het auteursrecht geregeld met Pictoright te Amsterdam.
Alle werken van Joan Miró © Successió Miró c/o Pictoright Amsterdam [2024]

Copyright on works of visual artists affiliated to a CISAC organisation has been arranged with Pictoright in Amsterdam. All works by Joan Miró © Successió Miró c/o Pictoright Amsterdam 2024

ISBN 978 94 6262 597 6
NUR 644

www.waanders.nl
www.beeldenaanzee.nl

De tentoonstelling werd georganiseerd door museum Beelden aan Zee en de Fundació Joan Miró, Barcelona.
The exhibition was jointly organised by museum Beelden aan Zee and the Fundació Joan Miró, Barcelona.

Met dank aan / With thanks to

Fundació Joan Miró Barcelona

Met dank aan / *With thanks to*

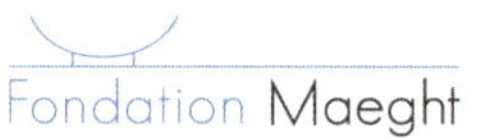

DESGN MUSEUM DEN BOSCH

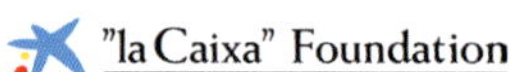

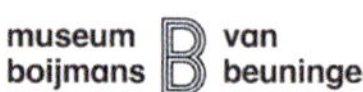

Deze uitgave is mede mogelijk gemaakt door / *Published with the support of*

VRIENDENLOTERIJ

Don Quixote Foundation.

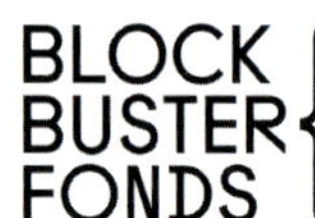

VRIENDENLOTERIJ
het cultuurfonds
VSBfonds.
vandenEnde FOUNDATION

het cultuurfonds

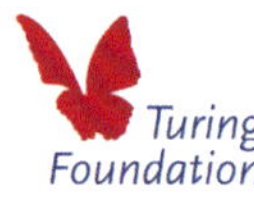

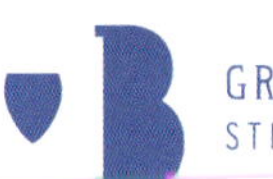

GRAVIN VAN BYLANDT STICHTING

LIDA FONDS

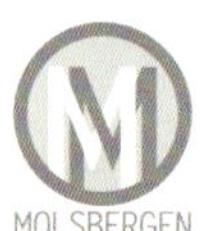

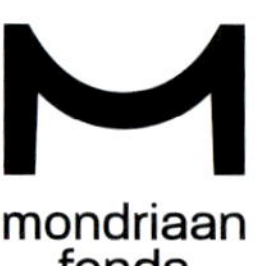

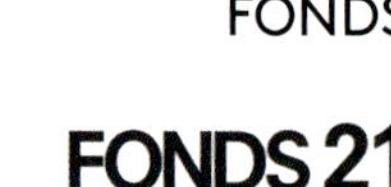

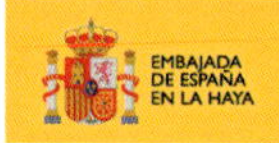

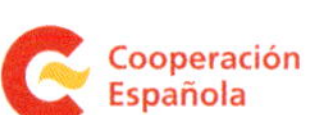

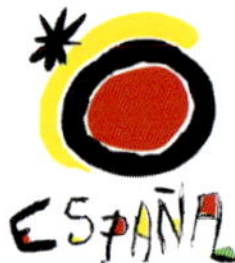